大脑使用书 / 02

思维导图

◎白虹 编

中国华侨出版社
北京

Preface
前 言

“思维导图”概念的提出，标志着人类对大脑潜能的开发进入了一个全新的阶段。如今，这一由英国“记忆之父”东尼·博赞发明的思维工具，已成为21世纪风靡全球的革命性思维工具，并成功改变全世界超过2.5亿人的思维习惯。作为一种终极的思维工具和21世纪全球革命性的管理工具、学习工具，思维导图的出现，在全球教育界和商界掀起了一场超强的大脑风暴，被人称作“大脑瑞士军刀”。

思维导图又叫心智图，是表达发散型思维的有效图形思维工具，它运用图文并重的技巧，把各级主题的关系用相互隶属与相关的层级图表现出来，把主题关键词与图像、颜色等建立记忆链接，充分运用左右脑的机能，利用记忆、阅读、思维的规律，协助人们在科学与艺术、逻辑与想象之间平衡发展，从而开启人类大脑的无限潜能。

我们知道，每一种进入大脑的资料，不论是感觉、记忆或是想法——包括文字、数字、代码、食物、香气、线条、颜色、意象、节奏、音符等，都可以成为一个思考中心，并由此中心向外发散出成千上万的关节点，每一个关节点代表与中心主题的一个联结，而每一个联结又可以成为另一个中心主题，再向外发散出成千上万的关节点，而这些关节的连结可以视为您的记忆，也就是您的个人数据库。人类从一出生就开始累积这些庞大且复杂的数据库，在使用思维导图后，大脑的资料存储就变得简单明晰，更具效率，也更加轻松有趣了。

21 世纪的经济，无疑是以知识经济作为主导，全民族智力的发展将决定着国家未来的繁荣昌盛。人类历史越来越演变成为教育与灾难之间的赛跑。要想促进知识经济的发展和国民素质的提高，就必须提高人们学习、工作的能力和效率。思维导图正是可以帮助我们做到这一点的超强大脑工具，它会在我们学习工作和生活的各个层面发挥作用，为整个社会的发展做出应有的贡献。

本书融科学性、实用性、系统性、可读性于一体，以思维导图的形式介入广大学生和各行各业学习者的生活、工作中，用简明易懂的讲解和实用易学的心智图挖掘其创造潜能、思维潜能、精神潜能、记忆潜能、身体潜能、感觉潜能、计算潜能和文字表达潜能……解决各类疑难问题，使我们的生活、工作更加轻松、更富成效。

当全世界有超过 2.5 亿人认识到思维导图的巨大价值，使用思维导图并获益的时候，希望你也成为他们当中的一员！

Contents

目录

第二篇
唤醒创造天才

第三篇
练就成功秘籍

·第一章·社交能力

·第二章·个人发展

·第三章·团队发展

第一篇

大脑使用说明

第一章

思维导图概述

揭开思维导图的神秘面纱

思维导图由世界著名的英国学者东尼·博赞发明。思维导图又叫心智图，是把我们大脑中的想法用彩色的笔画在纸上。它把传统的语言智能、数字智能和创造智能结合起来，是表达发散性思维的有效图形思维工具。

思维导图自一面世，即引起了巨大的轰动。

作为 21 世纪全球革命性思维工具、学习工具、管理工具，思维导图已经应用于生活和工作的各个方面，包括学习、写作、沟通、家庭、教育、演讲、管理、会议等，运用思维导图带来的学习能力和清晰的思维方式已经成功改变了 2.5 亿人的思维习惯。

英国人东尼·博赞作为“瑞士军刀”般思维工具的创始人，因为发明“思维导图”这一简单便捷的思维工具，被誉为“智力魔法师”和“世界大脑先生”，闻名世界。作为大脑和学习方面的世界超级作家，东尼·博赞出版了 80 多部专著或合著，系列图书销售量已达到 1000 万册。

思维导图是一种革命性的学习工具，它的核心思想就是把形象思维与抽象思维很好地结合起来，让你的左右脑同时运作，将你的思维痕迹在纸上用图画和线条形成发散性的结构，极大地提高你的智力技能和智慧水准。

在这里，我们不仅是介绍一个概念，更要阐述一种有效且神奇的学习方法。不仅如此，我们还要推广它的使用范围，让它的神奇效果惠及每一个人。

思维导图应用得越广泛，对人类乃至整个宇宙产生的影响就越大。

而你在接触这个新东西的时候会收获一种激动和伟大发现的感觉。

思维导图用起来特别简单。比如，你今天一天的打算，你所要做的每一件事，我们可以用一张从图中心发散出来的每个分支代表今天需要做的不同事情。

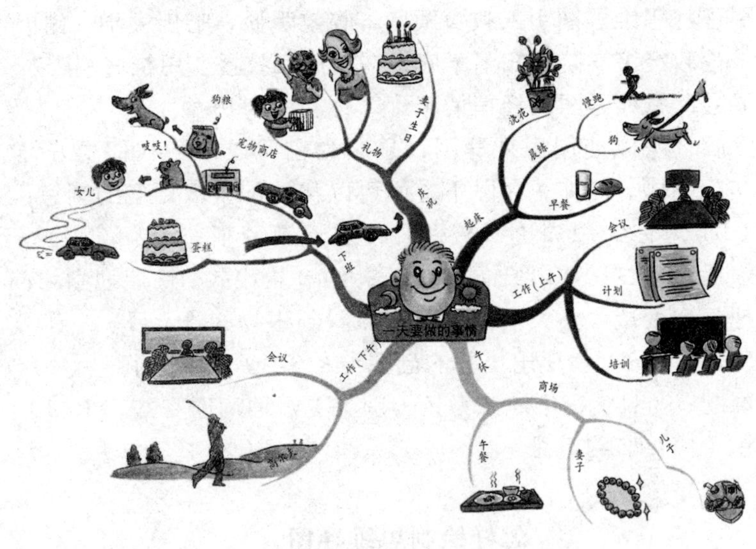

简单地说，思维导图所要做的工作就是更加有效地将信息“放入”你的大脑，或者将信息从你的大脑中“取出来”。

思维导图能够按照大脑本身的规律进行工作，启发我们抛弃传统的线性思维模式，改用发散性的联想思维思考问题；帮助我们做出选择、组织自己的思想、组织别人的思想，进行创造性的思维和脑力风暴，改善记忆和想象力等；思维导图通过画图的方式，充分地开发左脑和右脑，帮助我们释放出巨大的大脑潜能。

让 2.5 亿人受益一生的思维习惯

随着思维导图的不断普及，世界上使用思维导图的人数可能已经远远超过 2.5 亿。

据了解，目前许多跨国公司，例如，微软、IBM、波音正在使用或已经使用思维导图作为工作工具；新加坡、澳大利亚、墨西哥早已将思维导图引入教育领域，收效明显，哈佛大学、剑桥大学、伦敦经济学院等知名学府也在使用和教授“思维导图”。

可见，思维导图已经悄悄来到了你我的身边。

我们之所以使用思维导图，是因为它可以帮助我们更好地解决实际问题，比如，在以下方面可以帮助你获取更多的创意：

（1）对你的思想进行梳理并使它逐渐清晰；（2）以良好的成绩通过考试；（3）更好地记忆；（4）更高效、快速地学习；（5）把学习变成“小菜一碟”；（6）看到事物的“全景”；（7）制订计划；（8）表现出更强的创造力；（9）节省时间；（10）解决难题；（11）集中注意力；（12）更好地沟通交往；（13）生存；（14）节约纸张。

怎样绘制思维导图

其实，绘制思维导图非常简单。思维导图就是一幅幅帮助你了解并掌握大脑工作原理的使用说明书。

思维导图就是借助文字将你的想法“画”出来，因为这样才更容易记忆。

绘制过程中，我们要用到颜色。因为思维导图在确定中央图像之后，有从中心发散出来的自然结构；它们都使用线条、符号、词汇和图像，遵循一套简单、基本、自然、易被大脑接受的规则。

颜色可以将一长串枯燥无味的信息变成丰富多彩的、便于记忆的、有高度组织性的图画，接近于大脑平时处理事物的方式。

“思维导图”绘制工具如下：

（1）一张白纸；

（2）彩色水笔和铅笔数支；

（3）你的大脑；

（4）你的想象！

这些就是最基本的工具，当然在绘制过程中，你还可以拥有更适合自己习惯的绘图工具，比如，成套的软芯笔，色彩明亮的涂色笔或者钢笔。

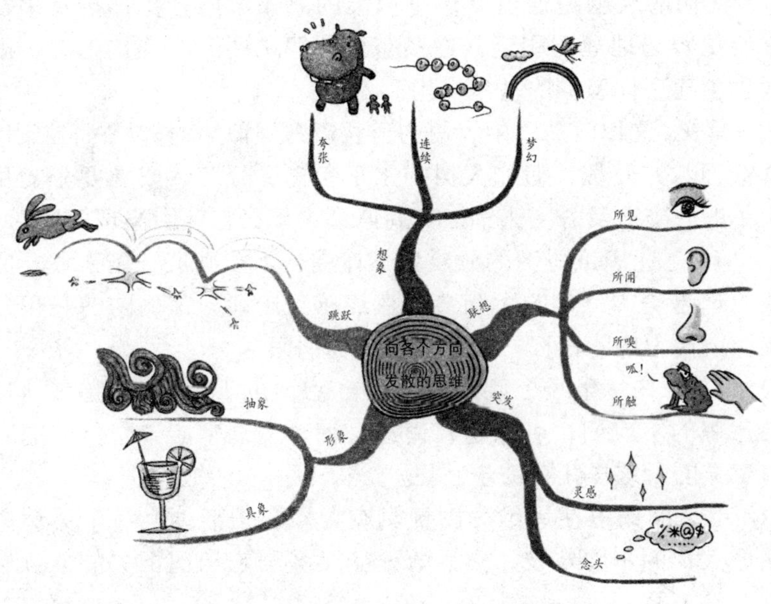

东尼·博赞给我们提供了绘制思维导图的7个步骤，具体如下：

（1）从一张白纸的中心画图，周围留出足够的空白。从中心开始画图，可以使你的思维向各个方向自由发散，能更自由、更自然地表达你的思想。

（2）在白纸的中心用一幅图像或图画表达你的中心思想。因为一幅图画可以抵得上1000个词汇或者更多，图像不仅能刺激你的创意性思维，帮助你运用想象力，还能强化记忆。

（3）尽可能多地使用各种颜色。因为颜色和图像一样能让你的大脑兴奋。颜色能够给你的思维导图增添跳跃感和生命力，为你的创造性思维增添巨大的能量。此外，自由地使用颜色绘画本身也非常有趣！

（4）将中心图像和主要分支连接起来，然后把主要分支和二级分支连接起来，再把三级分支和二级分支连接起来，依此类推。

我们的大脑是通过联想来思维的。如果把分支连接起来，你会更容易地理解和记住许多东西。把主要分支连接起来，同时也创建了你思维的基本结构。

其实，这和自然界中大树的形状极为相似。树枝从主干生出，向四面八方发散。假如大树的主干和主要分支、或主要分支和更小的分支以及分支末梢之间有断裂，那么它就会出现问题！

（5）让思维导图的分支自然弯曲，不要画成一条直线。曲线永远是美的，你的大脑会对直线感到厌烦。美丽的曲线和分支，就像大树的枝杈一样更能吸引你的眼球。

（6）在每条线上使用一个关键词。所谓关键字，是表达核心意思的字或词，可以是名词或动词。关键字应该是具体的、有意义的，这样才有助于回忆。

单个的词语使思维导图更具有力量和灵活性。每个关键词就像大树的主要枝杈，然后繁殖出更多与它自己相关的、互相联系的一系列次级枝杈。

当你使用单个关键词时，每一个词都更加自由，因此也更有助于新想法的产生。而短语和句子却容易扼杀这种火花。

（7）自始至终使用图形。思维导图上的每一个图形，就像中心图形一样，可以胜过千言万语。所以，如果你在思维导图上画出了10个图形，那么就相当于记了数万字的笔记！

以上就是绘制思维导图的7个步骤，不过，这里还有几个技巧可供参考：

把纸张横放，使宽度变大。在纸的中心，画出能够代表你心目中的主体形象的中心图像。再用水彩笔任意发挥你的思路。

先从图形中心开始画，标出一些向四周放射出来的粗线条。每一条线都代表你的主体思想，尽量使用不同的颜色区分。

在主要线条的每一个分支上，用大号字清楚地标上关键词，当你想到这个概念时，这些关键词立刻就会从大脑里跳出来。

运用你的想象力，不断改进你的思维导图。

在每一个关键词旁边，画一个能够代表它、解释它的图形。

用联想来扩展这幅思维导图。对于每一个关键词，每一个人都会想到更多的词。比如，你写下“橙子”这个词时，你可以想到颜色、果汁、维生素C，等等。

根据你联想到的事物，从每一个关键词上发散出更多的连线。连线的数量根据你的想象可以有无数个。

教你绘制一幅自己的思维导图

思维导图就是一幅帮助你了解并掌握大脑工作原理的使用说明书，并借助文字将你的想法“画”出来，便于记忆。

现在，让我们来绘制一幅“如何维护保养大脑”的思维导图。

你可以试着按以下步骤进行：

准备一张白纸（最好横放），在白纸的中心画出你的这张思维导图的主题或关键字。主题可以用关键字和图像（比如在这张纸的中心可以画上你的大脑）来表示。

用一幅图像或图画表达你的中心思想（比如你可以把你的大脑想象成蜘蛛网）。

使用多种颜色（比如用绿色表示营养部分，红色表示激励部分）。

连接中心图像和主要分支，然后再连接主要分支和二级分支，接着再连二级分支和三级分支，依次类推（比如“营养”是主要分支，“维生素”“蛋白质”等是二级分支，“维生素 A”“B 族维生素” “卵磷脂” 等是三级分支等）。

用曲线连接。每条线上注明一个关键词（比如“滋润” “创造力” 等）。

多使用一些图形。

好了，按照这几个步骤，这张思维导图你画好了吗？

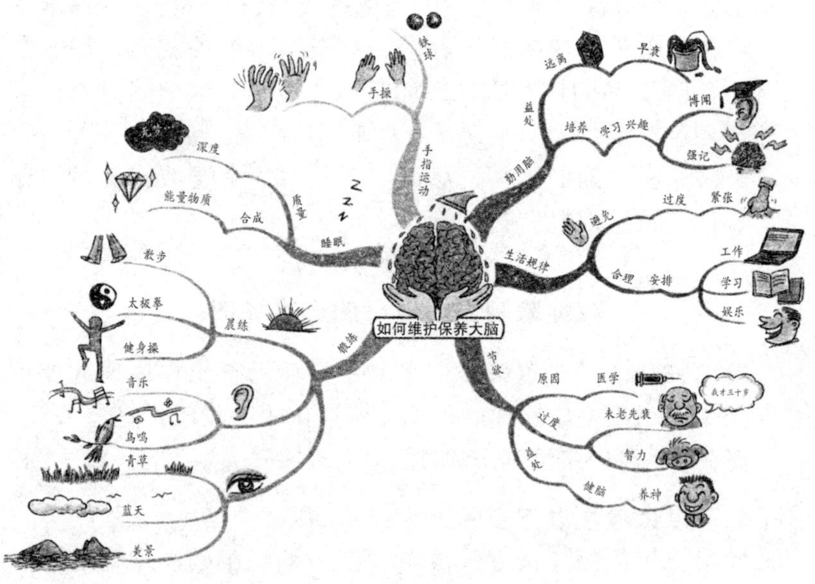

第二章

由思维导图引发的大脑海啸

认识你的大脑从认识大脑潜力开始

你了解自己的大脑吗？

你认为自己大脑潜力都发挥出来了吗？

你常常认为自己很笨吗？

生活中，总有一些人认为自己很笨，没有别人聪明。但是他们不知道，自己之所以没能取得好成绩、甚至取得成功，是因为只使用了大脑潜力的一小部分，个人的能力并没有全部发挥出来。

现在社会发展速度极快，不论在学习或其他方面，如果我们想表现得更出色，那么就必须重视我们的大脑，让大脑发挥出更大的潜力。遗憾的是，很少有人重视这一点。

其实，你的大脑比你想象的要厉害得多。

近年来，对大脑的开发和研究引起了很多科学家的注意，他们做了很多有益的探索，也取得了很多新的科研成果。过去10年中，人类对大脑的认识比过去整个科学史上所认识的还要多得多。特别是近代科技上所取得的惊人成就，使我们能够借助它们得以一窥大脑的奥秘。

他们一致认为，世界上最复杂的东西莫过于人的大脑。人类在探索外太空极限的同时，却忽略了宇宙间最大的一片未被开采过的地方——大脑。我们对大脑的研究还远远不够，还有很多未知的领域，而且可以肯定我们对大脑的研究和开发将会极大地推动人类社会的进步。

那么，就让我们先来初步认识一下我们的头脑——这个自然界最精密、最复杂的器官：

人脑由三部分组成：即脑干、小脑和大脑。

脑干位于头颅的底部，自脊椎延伸而出。大脑这一部分的功能是人类和较低等动物（蜥蜴、鳄鱼）所共有的，所以脑干又被称为爬虫类脑部。脑干被认为是原始的脑，它的主要功能是传递感觉信息，控制某些基本的活动，如呼吸和心跳。

脑干没有任何思维和感觉功能。它能控制其他原始直觉，如人类的地域感。在有人过度接近自己时，我们会感到愤怒、受威胁或不舒服，这些感觉都是脑干发出的。

小脑负责肌肉的整合，并有控制记忆的功能。随着年龄的增长和身体各部分结构的成熟，小脑会逐渐得到训练而提高其生理功能。对于运动，我们并没有达到完全控制的程度，这就是小脑没有得到锻炼的结果。你可以自己测试一下：在不活动其他手指的情况下，试着弯曲小拇指以接触手掌，这种结果是很难达到的，而灵活的大拇指却能十分轻松地完成这个动作。

大脑是人类记忆、情感与思维的中心，由两个半球组成，表面覆盖着 2.5 毫米 ~ 3 毫米厚的大脑皮层。如果没有这个大脑皮层，我们只能处于一种植物状态。

大脑可分成左、右两个半球，左半球就是“左脑”，右半球就是“右脑”，尽管左脑和右脑的形状相同，二者的功能却大相径庭。左脑主要负责语言，也就是用语言来处理信息，把我们通过五种感官（视觉、听觉、触觉、味觉和嗅觉）感受到的信息传入大脑中，再转换成语言表达出来。因此，左脑主要起处理语言、逻辑思维和判断的作用，即它具有学习的本领。右脑主要用来处理节奏、旋律、音乐、图像和幻想。它能将接收到的信息以图像方式进行处理，并且在瞬间即可处理完毕。一般大量的信息处理工作（如心算、速读等）是由右脑完成的。

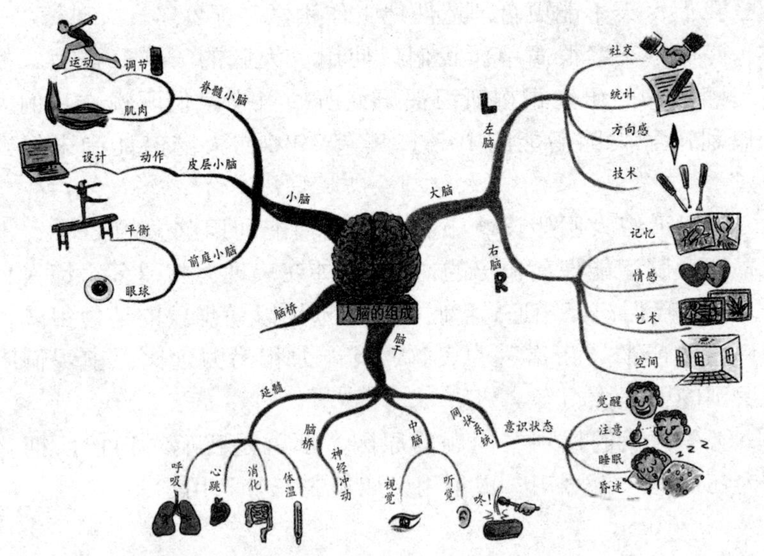

右脑具有创造性活动的本领。例如，我们仅凭熟悉的声音或脚步声，即可判断来人是谁。

有研究证明，我们今天已经获取的有关大脑的全部知识，可能还不到必须掌握的知识的1%。这表明，大脑中蕴藏着无数待开发的资源。

如果把大脑比喻成一座冰山的话，那么一般人所使用的资源还不到1%，这只不过是冰山一角；剩下99%的资源被白白闲置了，而这正是大脑的巨大潜能之所在。

科学也证明，我们的大脑有2000亿个脑细胞，能够容纳1000亿个信息单位，为什么我们还常常听一些人抱怨自己学得不好，记得不牢呢？

我们的思考速度大约是每小时480英里，快过最快的子弹头列车，为什么我们不能思考得更迅速呢？

我们的大脑能够建立100万亿个联结，甚至比最尖端的计数机还厉害，为什么我们不能理解得更完整更透彻呢？

而且，我们的大脑平均每24小时会产生4000种念头，为什么我们每天不能更有创造性地工作和学习呢？

其实，答案很简单。我们只使用了大脑的一部分资源，按照美国最大的研究机构斯坦福研究所的科学家们所说，我们大约只利用了大脑潜能的10%，其余90%的大脑潜能尚未得到开发。

我们不妨大胆假设一下，假如我们能利用脑力的20%，也就是把大脑潜能提高一倍的话，你的外在表现力将是多么惊人！

或许我们已经知道，我们的大脑远比以前想象的精妙得多，任何人的所谓“正常”的大脑，其能力和潜力远比以前我们所认识到的要强大得多。

现在，我们找到了问题的原因，那就是我们对自己所拥有的内在潜力一无所知，更不用说如何去充分利用了。

启动大脑的发散性思维

思维导图是发散性思维的表达，作为思维发展的新概念，发散性思维是思维导图最核心的表现。

比如，下面这个事例。

在某个公司的活动中，公司老总和员工们做了一个游戏：

组织者把参加活动的人分成了若干个小组，每个小组选出一个小组长扮演“领导”的角色，不过，大家的台词只有一句，那就是要充满激情地说一句：“太棒了！还有呢？”其余的人扮演员工，台词是：“如果……有多好！”游戏的主题词设定为“马桶”。

当主持人宣布游戏开始的时候，大家出现了一阵习惯性的沉默，不一会儿，突然有人开口：“如果马桶不用冲水，又没有臭味有多好！”

“领导”一听，激动地一拍大腿：“太棒了！还有呢？”

另外一个员工接着说：“如果坐在马桶上也不影响工作和娱乐有多好！”

又一位“领导”也马上伸出大拇指：“太棒了！还有呢？”

“如果小孩在床上也能上马桶有多好！”

……

讨论进行得热火朝天，各人想法天马行空，出乎大家的意料。

这个公司的管理人员对此进行了讨论，并认为有三种马桶可以尝试生产并投入市场：一种是能够自行处理，并能把废物转化成小体积密封肥料的马桶；一种是带书架或耳机的马桶；还有一种是带多个“终端”的马桶，即小孩老人都可以在床上方便，废物可以通过“网络”传到“主”马桶里。

游戏获得了巨大的成功，其中便得益于发散性思维的运用。

针对这个游戏，我们同样可以利用思维导图表示出来。

大脑作为发散性思维联想机器，思维导图就是发散性思维的外部表现，因为思维导图总是从一个中心点开始向四周发散

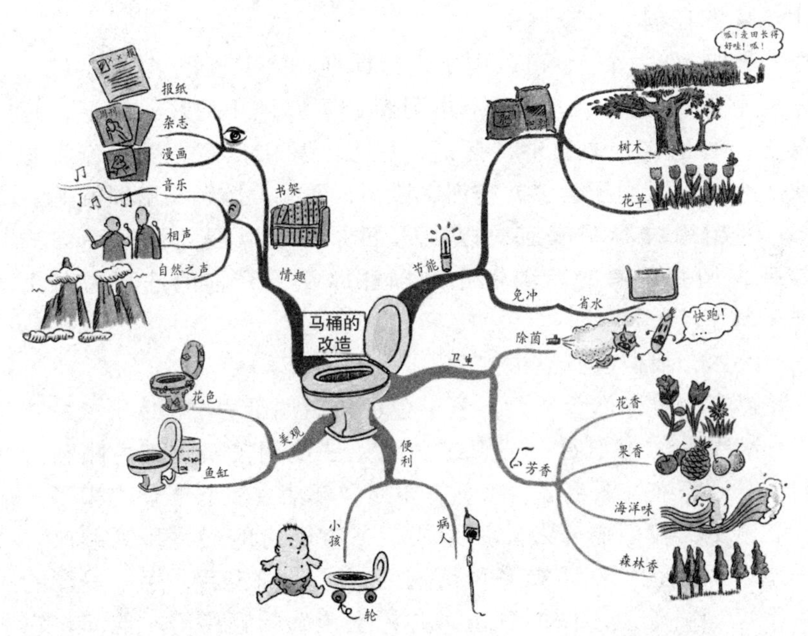

的，其中的每个词汇或者图像自身都成为一个子中心或者联想，整个合起来以一种无穷无尽的分支链的形式从中心向四周发散，或者归于一个共同的中心。

我们应该明白，发散性思维是一种自然和几乎自动的思维方式，人类所有的思维都是以这种方式发挥作用的。一个会发散性思维的大脑应该以一种发散性的形式来表达自我，它会反映自身思维过程的模式，给我们更多更大的帮助。

思维导图让大脑更好地处理信息

让大脑更好更快地处理各种信息，这正是思维导图的优势所在。使用思维导图，可以把枯燥的信息变成彩色的、容易记忆的、高度组织的图，它与我们大脑处理事物的自然方式相吻合。

思维导图可以让大脑处理起信息更简单有效。

从思维导图的特点及作用来看，它可以用于工作、学习和生活中的任何一个领域里。

比如，作为个人：可以用来进行计划，项目管理，沟通，组织，分析解决问题等；作为一个学习者：可以用于记忆，笔记，写报告，写论文，做演讲，考试，思考，集中注意力等；作为职业人士：可以用于会议，培训，谈判，面试，掀起头脑风暴等。

利用思维导图来应对以上方面，都可以极大地提高你的效率，增强思考的有效性和准确性以及提升你的注意力和工作乐趣。

比如，我们谈到演讲。

起初，也许你会怀疑，演讲也适合做思维导图吗？

没错！你用不着担心思维导图无法使相关演讲信息顺利过渡。一旦思维导图完成，你所需要的全部信息就都呈现出来了。

其实，我们需要做的只是决定各种信息的最终排列顺序。一幅好的思维导图将有多种可选性。最后确定后，思维导图的每个区域将涂上不同的颜色，并标上正确的顺序号。继而将它转化为写作或口头语言形式，将是很简单的事，你只要圈出所需的主要区域，然后按各分支之间连接的逻辑关系，一点一点地进行就可以了。

按这种方式，无论多么烦琐的信息，多么艰难的问题都将被一一解决。

又比如，我们在组织活动或讨论会时需用的思维导图。

也许我们这次需要处理各种信息，解决很多方面的问题。当我们没有想到思维导图的时候，往往会让人陷入这样的局面：每个人都在听别人讲话，每个人也都在等别人讲话，目的只是为等说话人讲完话后，有机会发表自己的观点。

在这种活动或讨论会上，或许会发生我们不愿看到的结果，比如，大家叽叽喳喳，没有提出我们期望的好点子，讨论来讨论去没有解决需要解决的问题，最后现场不仅没有一点秩序，而且时间也白白地浪费了。

这时，如果活动组织者运用思维导图的话，所有问题将迎刃而解。活动组织者可以在会议室中心的黑板上，以思维导图的基本形式，写下讨论的中心议题及几个副主题。让与会者事先了解会议的内容，使他们有备而来。

组织者还可以在每个人陈述完他的看法之后，要求他用关键词的形式，总结一下，并指出在这个思维导图上，他的观点从何而来，与主题思维导图的关联等等。

这种使用思维导图方式的好处显而易见：

（1）可以准确地记录每个人的发言；

（2）保证信息的全面；

（3）各种观点都可以得到充分的展现；

（4）大家容易围绕主题和发言展开，不会跑题；

（5）活动结束后，每个人都可记录下思维导图，不会马上忘记。

这正是思维导图在处理大量信息面前的好处，在讨论会上，可以吸引每个人积极地参与目前的讨论，而不是仅仅关心最后的结论。

利用思维导图这种形式可以全面加强事物之间的内在联系，强化人们的记忆、使信息井然有序，为我所用。

在处理复杂信息时，思维导图是你思维相互关系的外在“写照”，它能使你的大脑更清楚地“明确自我”，因而更能全面地提高思维技能，提高解决问题的效率。

第三章

风靡全球的头脑风暴法

何谓头脑风暴法

美国学者 A.F. 奥斯本提出了头脑风暴法。

头脑风暴法原指精神病患者头脑中短时间出现的思维紊乱现象，病人会产生大量的胡思乱想。奥斯本借用这个概念来比喻思维高度活跃，因打破常规的思维方式而产生大量创造性设想的状况。

头脑风暴的目的是激发人类大脑的创新思维以及能够产生出新的想法、新的观念。

讲到头脑风暴还要提到一个人，那就是英国的大文豪萧伯纳，他曾经就交换苹果的事情，提出这样的理论：

假如两个人来交换苹果，那每个人得到的也就是一个苹果，并没有损失也没有收获，但是假如交换的是思想，那情况是绝对的不一样了。

假设两个人交换思想，两个人的脑子里装的可就是两个人的思想了。对于萧伯纳的理论，A.F. 奥斯本大表赞同。他认为，应该让人们的头脑来一次彻底性的革命，卷起一次风暴。

有这样一个案例：

美国的北方每年的冬天都是十分寒冷的，尤其是进入 12 月之后，大雪纷飞。这对当地的通信设备影响严重，因为大雪经常会压断电线。

以往人们为了解决这一问题，都会想出各种各样的办法，但是没有一种能够成功，基本上都是刚开始有些效果，到最后还是没有办法战胜自然环境。

奥斯本是一家电讯公司的经理，他为了能解决大雪经常性的阻断通信设备的数据传输，召开了一次全体职工的会议，目的就是想让大家开脑筋，畅所欲言，能够解决问题。

首先，他要求大家要独立思考，参加会议的人员要解放自己的思想，不要考虑自己的想法是多么可笑抑或是完全行不通；

其次，大家发言之后，其他人不要去评论这个想法是好还是不好，发言的人只管自己发言，而评断想法值不值得借鉴的话，最后交给高层的组织者；

再次，发言者不要过多地考虑发言的质量，也就是自己提出来的想法到底有多大的可行性，这次会议的重点就是看谁说得多。

最后，就是要求发言的人能够将多个想法拼接成一个，优化资源，尽可能地想出一个效果最为突出的解决办法。

说完规定之后，参加会议的员工便积极地议论起来，大家纷纷出招。有的人说要是能够设计一种给电线用的清扫积雪的机器就好了。可是怎么才能爬到电线上去，难道是坐飞机拿着扫把扫吗？这种想法提出来之后，大家心里都觉得不切实际。

过了一会儿，又有人通过上面提出的坐飞机扫雪想到可不可以利用飞机飞行的原理，让飞机在电线的上空飞行，通过飞机的旋桨的震动，把电线上的积雪扫落下来。就这样，大家通过联想飞机除雪的点子，又接着发散思维想到用直升机等七八种新颖的想法。就这样仅仅一个小时的时间，参加会议的员工就想到 90 多种解决的办法。

不久公司高层根据大家的想法找到了专家，利用类似于飞机震动的原理设计出了一种类似于“坐飞机扫雪”原理的除雪机，巧妙地解决了冬天积雪过厚，影响通信设备正常工作的问题，还很聪明地避开了采用电热或电磁那种研制时间长、费用高的方案。

从研发除雪机的案例可以看到，这种互相碰撞的能够激起脑袋中的关于创造性的“风暴”，也就是所谓的头脑风暴，英文是brainstorming。虽然其原意是精神病人的胡言乱语，但是通过奥斯本的引用和应用，得到了广泛的发展和实施。

中国有句古话说：“三个臭皮匠，顶个诸葛亮。”对于那些天资一般的人，如果进行这样的互相补充，一样是可以做出不同凡响的成绩的。也正是奥斯本的头脑风暴的方法，从另外一个角度证明通过头脑风暴这种互相帮助、互相交流的形式，可以集思广益得到不同凡响的效果。

如果我们要用思维导图法来表示的话，头脑风暴法可作为核心词汇放在中间。接下来，作为思维导图的二级分支，头脑风暴法按照不同的性质又可分成不同的类别。按照交流思想的形式可以分成：智力激励法、默写式智力激励法、卡片式智力

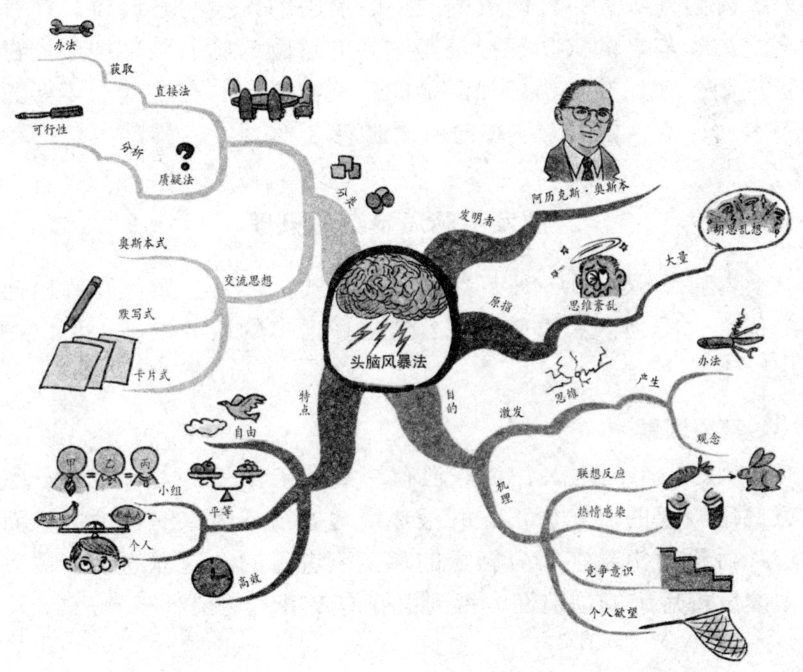

激励法，等等。

如果按照头脑风暴会议的处理形式分类的话，又可以分为直接和质疑的两种。前者是指在群体激发头脑思维的时候，仅仅考虑的是产生出更多更新颖的办法和想法，而不会去质疑或是否定某一个想法；而后者质疑的头脑风暴法，就是去之糟粕，取之精华，最终找到可行的方案和办法。

说到分类，又不得不提出另外一个问题——如何解决群体思维。

群体思维是指在多数人商讨决策的时候，由于个人心理因素的问题，往往会产生大多数人同意于某个决策而忽视了头脑风暴的本身。这样的话就会大大降低头脑风暴的创造力，同时也影响了决策的质量。

而头脑风暴法就是这样一个可以减轻群体心理弊端，从而达到提高决策质量的目的，保证了群体决策的创造性。

头脑风暴法的具体执行就是由相关的人员召开会议。在开会之前，与会的人员已经清楚本次的议题，同时告之相应的讨论规则。确保在相当轻松融洽的环境内进行。在过程中不要急于表达评论，使大家能够自由地谈论。

激发头脑风暴法的机理

头脑风暴作为一种新兴的思维方式，它又是如何发挥自己的优点，受到众人青睐的呢？通过奥斯本的研究发现，可以得出以下几个因素：

环境因素

针对一个问题，往往在没有约束的条件下，大家会十分愿意说出自己的真实想法，并很热情地参与到大家的讨论中。而这种讨论通常是在十分轻松的环境下进行的。这样的话会更大限度发挥思维的创造性，得到很好的效果。

链条反应

所谓的链条反应是指在会议进行的过程中，往往通过一个人的观点可以衍生出与之相关的多种甚至创新上更加出奇的想法。这是因为人类在遇到任何事物的时候，都会条件反射，联系到自身的情况进行联想式的发散思维。

竞争情节

有时候，也会出现大家争先恐后的发言情况。那是因为在这种特定的环境下，由于大家的思想都十分的活跃，再加上有一种好胜心理的影响，每个人的心理活动的频率会十分高，而且内容也会相当的丰富。

质疑心理

这是另外一个群众性的心理因素，简单地说就是赞同还是不赞同的问题，当某一个人的观念提出后，其他人在心理上有的是认同的，有的则是非常的不赞同。表现在情绪上无非是眼神和动作，而表现在行动上就是提出与之不同的想法。

头脑风暴法的操作程序

首先我们具体说一说如何利用头脑风暴法举行一次思想交流的会议。

1. 准备开始阶段

我们要确定此次会议的负责人，然后制定所要研究的议题是什么，抓住议题的关键。

与此同时要敲定参加会议的人员人数，5 ~ 10 人为最好。等确认好人数和议题之后，就可以选择会议的时间、场所。然后准备好会议的相关资料通知与会人员参加会议就可以了。

在会议开始阶段，不宜上来就让大家开始讨论。这样的话，与会人员还未进入状态的情况下，讨论的效果不会很好，气氛也不会很融洽。所以我们先要暖场，和大家说一些轻松的话题，让彼此之间有些交流沟通，不会显得生分。

在大家逐渐进入状态后，就可以开始议题了。

此时，主持人要明确地告诉参加会议的人员，本次的议题是什么。

这段时间不要占用得太多，以简洁为主。因为过多的描述在一定程度上会干扰大脑的思考。

之后大家就可以开始讨论了。

在进行一段时间的讨论后，大家往往会有更多的关于议题的想法，但弊端是，有可能只是围绕着一个方向发散思维。这时主持人可以重新明确讨论议题，使大家在回味讨论的情况下重新出发，得到不同的方向。

2. 自由发言阶段

也叫畅谈阶段。畅谈阶段的准则是不允许私下互相交流，不能评论别人的发言，简短发言等。在这种规定之下，主持人要发挥自己的能力，引导大家进入一种自由的讨论状态。

此外要注意会议的记录。随着会议的结束，会议上提出的很多新颖的想法要怎么处理呢？

以下是一些处理方法：

在会议结束的一两天内，主持人还要回访参加会议的人员，看是否还有更加新颖的想法之后整理会议记录等。然后根据解决方案的标准，对每一个问题进行识别，主要是根据是否有创新性，是否有可施行性进行筛选。经过多次的斟酌和评断，最后找到最佳方案。这里说的最佳方案往往是一个或多个想法的综合。

除了头脑风暴法之外，其实还有很多种类似于这样的优势组合，下面我们就来看另外几种头脑风暴法，即美国人卡尔·格雷高里创立的 7 × 7 法、日本人川田喜的 KJ 法、兰德公司创立的德尔菲法。

而这些方法主要有以下过程：

首先从组织上讲，参加的人员不要太多，5～10人最好，而且参加者不要是同一专业或是同一部门的人员。

而这些与会的人员如何选定呢？不妨建立一个专家小组来进行选定，而这个专家小组不但负责挑选参加会议的人员还要监督会议。

选择参加人员的主要标准：

（1）如果彼此之间互相认识，不能有领导参加，不能有级别的压力。应从同一职别中选择；

（2）如果参加的人互相不认识，那就可以不用考虑同一职位了。但是在会议上不能够透露出来职位大小，因为这样也会造成与会人员的压力；

（3）对应不同的议题，要选择不同程度的人员。而专家组的人员最好是阅历比较丰富，层次比较高的人，因为这样的话，会保证决策结果的可行性高。

下面就具体谈谈专家人员的组成成分：

首先，主持人应该是懂得方法论的人，这样会更好地调动会议气氛；其次，参加会议的人员应该是涉及讨论议题领域的专家，这样针对性就会很强；再次，后期分析创新思维的人，应该是专业领域更高级别的专家，他们会从非常专业的角度来客观正确地分析这些想法；最后，可以决策最终可执行方案的人，应该是具备更高的逻辑思维能力的专家。

为什么对于专家组的要求这么高呢？那又为什么不同能力的专家负责不同的事情呢？

这是因为在头脑风暴的会议上，与会者大都是思维敏捷的人。他们往往在别人发言的时候，心里已经开始想到其他的设想了。所以在这种高频率的情况下，需要这种专家的参与，并且能够集大家之长，得到更好的决策。

说完专家组了，再谈谈头脑风暴会议的指挥——主持人。

主持人的要求应该是从他自身敏捷的思维说起。主持人不但要了解和熟悉头脑风暴的程序以及如何处理会议中出现的任何问题，还要能激发大家对议题的兴趣，懂得多用些询问的方法，让大家有种争分夺秒的感觉。

此外，主持人还要负责开场时的暖场，鼓励与会者的发言，引导参加会议的人员往更远更广的地方开始发散的思维，因为只有这样，方案出现的概率才会越大。

值得注意的是主持人的职责仅限于会议开始之初。

因为接下来更重要的工作就是如何记录，如果有条件的话应该准备录音笔，尽量不落下每个细节。

收集上来的想法和观点就可以通过分析组来进行系统化的处理。

系统化处理的流程如下：

（1）简化每一个想法，简言之就是总结出关键字进行列表；

（2）将每个设想用专业的术语标记出关键点；

（3）对于类似的想法，进行综合；

（4）规范出如何评价的标准；

（5）完成上面的步骤之后，重新做一次一览表。

3. 专家组质疑阶段

在统计归纳完成之后，就是要对提出的方案进行系统性的质疑加以完善。这是一个独立的程序。此程序分为三个阶段：

第一个阶段：将所有的提出的想法和设想拿出来，每一条都要有所质疑，并且要加上评论。怎么评论呢？就是根据事实的分析和质疑。值得提出的是，通常在这个过程中，会产生新的设想，主要就是因为设想无法实现，有限制因素。而新的议题就要有所针对地提出修改意见。

第二个阶段：和直接头脑风暴的原则一样，对每个设想编制一个评论意见的一览表。主持人再次强调此次议题的重点和内容，使参加者能够明白如何进行全面评论。对已有的思想不能提出肯定意见，即使觉得某设想十分可行也要有所质疑。

整个过程要一直进行到没有可质疑的问题为止，然后从中总结和归纳所有的评价和建议的可行设想。整个过程要注意记录。

第三个阶段：对上述所提出的意见再次进行删选，这个过程是十分重要的，因为在这个过程中，我们要重新考虑所有能够影响方案实施的限制因素，这些限制因素对于最终结果的产生是十分重要的。

分析组的组成人员应该是一些十分有能力，而且判断力高的专家，因为假如有时候某些决策要在短时间内出来的话，这些专家就会派上很大的用处。

关于评价标准，我们先看个案例：

美国在制定科技规划中，曾经请过 50 名专家用头脑风暴的形式举行了为期两周的会议，而这些专家的主要任务就是对于事先提出的关于美国长期的科技规划提出些批评。最终得到的规划文件，其内容只是原先文件的有 25% ~ 30%。由此可见，经过一系列的分析和质疑，最后找到一组可行的方案，这就是头脑风暴排除折中的方法。

此外，值得我们注意的是，影响头脑风暴实施的因素还有时间、费用以及参与者的素质。

此处可作为思维导图的二级分支。头脑风暴成功的关键是探讨方式以及放松心理压力等。要在一个公平公正的情况下，才能有无差别的交流，思想碰击也就更大了。

首先，与会者能够在一个公平公正的前提下进行交流，不要受任何因素的影响，从各个方面进行发散式的思维，可以大胆地发言。

其次，就是不要在现场就对提出的观点进行评论，也不要私自交流。要充分保证会议现场自由畅谈的状态，这样与会的人员才能够集中精力思考议题，能够得到更多的想法。

再次，不允许任何形式的评论，因为评论会抑制其他人的思维发散，从而影响整个会议的发展趋势。可能有些人会谦虚地表达自己的意思，但是一旦受到质疑，就会造成发言人的心理压力，得不到更多的提议了。

最后，就是在头脑风暴的会议上一定不要限制数量。本着多多益善的原则，在不评论的前提下都留到最后进行分析。这样数量越多，质量也就会提高，这是一个普遍的道理。

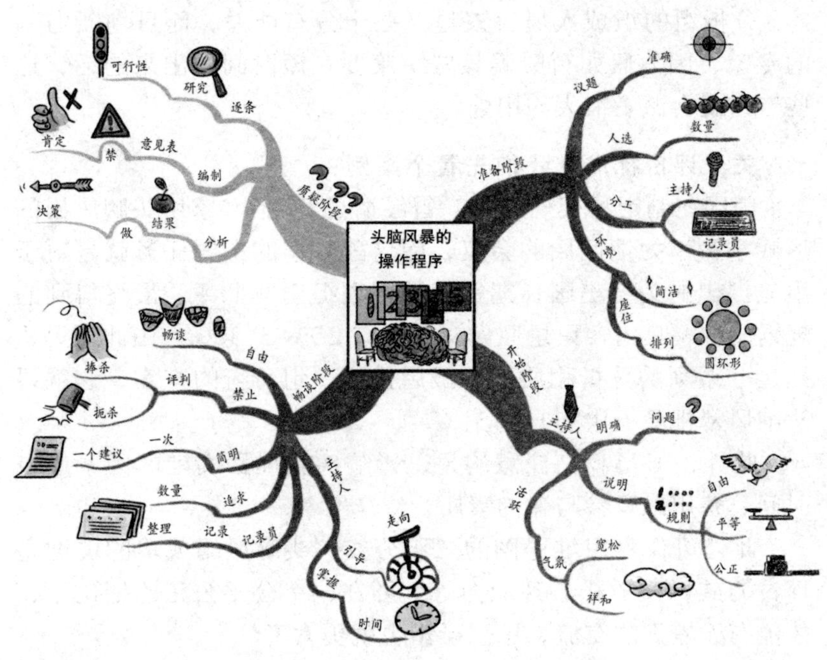

头脑风暴法活动注意事项

参与会议的人员需要注意以下事项：

（1）要对整个会议进行初步的设想，对于你要参加的议题要有所了解。不要觉得你的发言就能得到所有人的赞同。

（2）不要对参加会议的人员有个人情绪，对每个人的发言都要公平，不要以个人的原因而去质疑或是指责别人的想法。

（3）为了使与会者不受任何的影响，最好在一个十分安静的房间内举行会议，使大家不受外界因素的干扰。

（4）要对自己有心理暗示。你的提议不是没有用的，恰恰相反，也许正是你的提议成为最后的决案。

（5）假如你的提议没有被选中或是得不到别人的认同，也不要失落，不要去坚持。把它看作是整个头脑风暴的原材料。

（6）在你思考了一段时间后，很有可能你的脑力已经坚持不住了。你可以选择出去散步，吃点东西等，缓解自己的这种压力，从而整理思绪重新参与到团队中来。

最后，要学会记笔记，因为有些细节很可能在你听的时候就遗漏掉了，所以用笔记录是十分重要的步骤。千万不要忽略了这一步。

以上即是进行头脑风暴法的注意事项，如果想使头脑风暴保持高的绩效，必须每个月进行不止一次的头脑风暴。

头脑风暴思维法为我们提供了一种有效的就特定主题集中注意力与思想进行创造性沟通的方式，无论是对于学术主题探讨或日常事务的解决，都不失为一种可资借鉴的途径。

学会如何进行头脑风暴，可以帮助我们激发自身的创造力，把我们的最好的创意变成现实，并享受创新思维的无限乐趣，让生活更有意义。

第二篇

唤醒创造天才

第一章

施展大脑的创新力量

创新思维的特征

1. 创新思维的定义

创新思维是一种不受常规思维束缚，寻求全新独特的解决问题的方法的思维过程。创新思维是相对于传统思维的新思维，就是我们常说的创造性思维，是每个人天生就拥有的。但是，却不是人人都能够娴熟地使用它。因为，大部分的创新思维在我们接受教育的过程中被埋没了。

我们知道，小孩的创新思维表现在胡思乱想和丰富的想象力上。但是，如果一个小孩子问她的幼儿园老师："老师，如果天上有一个太阳，那会不会有两个呢？"不负责任的老师通常都会斥责孩子"国无二君，天无二日"之类的意思，至少也会说一句"胡说"。孩子的创新思维就这样一次次被打压磨灭，直到完全陷入常规性思维。

其实，在无垠的宇宙里，银河系只是一条小河，太阳不过是一颗小小的鹅卵石。小河里不止一个鹅卵石就是常规思维所能够理解的了。

传统思维和常规性思维主导了大部分人，为我们的生活带来了一定的便利，但是，却也在一定程度上，阻碍了我们前进的步伐。

2. 创新思维的作用

创新是一个民族进步的灵魂，是国家兴旺发达的不竭动力。迎接未来科学技术的挑战，最重要的是坚持创新，勇于创新。

爱因斯坦也说过："没有个人独创性和个人志愿的统一规格的人所组成的社会将是一个没有发展可能的不幸的社会。"

管理学大师德鲁克也说："对企业而言，要么创新，要么死亡。"可见创新的重要性。而创新当然来自有着创新思维的人。

（1）创新思维是创新实践的前提。"思路决定出路，格局决定结局。"有了创新思维才能走出创新的道路。同样，错误的思维就会走上错误的道路。

当年，泰坦尼克号之所以会沉船并且几乎全员覆没，全因为管理层的错误思维。管理层认为巨大的船是不会沉船的，于是几乎没有考虑任何防护措施。没有带望远镜，于是没有看到远处的冰山，肉眼看到时已然扭转无力。正是因为船太大，于是转弯不便。救生艇和救生衣数量的严重缺乏，导致大多数人几乎没有逃生的可能性。这是错误思维引领人走上错误道路的一个例证。

（2）创新思维是参与竞争的制胜法宝。这个社会是相互竞争的社会，资本则是特色、创新、点子、思路。尤其是在企业竞争当中，更需要创新思维。

某国有家公司，专门生产牙膏。牙膏包装精美，品质精良，深受消费者喜爱。

记录显示，前年营业增长率均为 10% ~ 20%，但在第二年后，增长停滞。董事部门非常不满意，于是决定召开全国经理及高层会议。会议中有位年轻经理对董事提出了一条建议，并收费 5 万元。董事虽然非常生气，却依然买下建议。

果然，公司在三年停滞不前后，第四年的营业额增加了

32%。这条建议是什么呢？很简单，扩大牙膏开口 1 毫米。人人多用 1 毫米，数量不可估量。脑袋开口 1 毫米，就是创意。如果企业摒弃 1 毫米，就会丧失进步的机会。

创新思维是企业竞争的法宝，有创新思维的人是企业的重点人才和制胜法宝。

（3）创新思维是高素质人才的重要组成部分。高素质人才当中最缺乏的是有创新思维的人才。有创新思维的人才，才能让社会、国家持续前进发展，才能带领企业突破瓶颈。培养创新思维人才，是教育的重要课题。

（4）创新思维能够应用到各行各业中去。无论学习、教书、改革开放或是职场生涯，创新都会对我们产生作用力。

A、B 从同一所大学毕业去同一家公司上班，两年后，老总让 B 升职。A 心里不平衡，他想，一起来工作的两个人，都很努力，为什么提拔 B 却不提拔我。一定是老总偏心。

于是 A 去找老总理论："你吩咐我的每项工作我都踏踏实实完成了，为什么你却只提拔 B 不提拔我呢？我感到很委屈。"老总并没有正面回答 A 的问题，而让他去楼下自由市场看看是否有东西卖。不久，A 回来答复。

A："老总，楼下有个推手推车的农民在卖苹果。"

老总："苹果怎么卖？"

A："我去看一下。"

A："2 元一斤。"

老总："那一车有多少斤呢？"

A 又下楼回来。

A："大概 300 来斤。"

老总："如果全部都要，最便宜能多少钱呢？"

A 再次下楼。

A："如果您全部都要的话，他可以 1.2 元一斤给您。但是，您要这么多苹果干吗？”

老总还是不说话，他喊B过来，让他去做同样的事情，问B同样的问题，然而B与A的做法不同，他一次性将所有问题做好准备，流利地回答了出来。

A目睹这一过程立即知道自己与B的差距在哪里。摒除职场经验不谈，有创新思维，能够自觉正确地理解老总的意图，联想事情的发展，这种人才必然能够立足于各个企业。

3. 创新思维的特征

（1）新。新是创新思维的第一特征，也是最根本的特征之一。

没有变化、没有差异的思维是旧思维，但旧思维也可能是曾经的新思维。只是因为在某一时间点上没有继续创新，所以就变旧了。

“新”就是有新意，能够给人带来新鲜感，是新思路、新点子，是一种新的考量方式等。

（2）差异性。差异性是创新思维最大的、最根本的特征之一。

创新思维就是与众不同的思维，它能够用与众不同的语言、行为、方式表现出来。有差异才能有新意。

如“水能载舟，亦能覆舟”，网络上有流行语将之改成：“水能覆舟，亦能煮粥。”改动两个字，意思却大大的不同了，这就是差异性产生的效果。

（3）变化性。变化性也是创新思维的根本特点之一。

无论新意还是差异都需要通过不断地改变来实现。旧的东西也需要通过改变来变成新的。

（4）现实性。虽然思维、创新等概念似乎都是看不见摸不着虚无缥缈的东西，但创新思维依然具有现实性特征。从另一方面看，它其实是实实在在的存在于人们的生活当中，通过人们的言行举止、学习、工作、生活表现出来，并且几乎人人都有思维创新的经历。

比如，上下班高峰期的地铁公车常常人满为患，扶手不够，有人就把旧牙刷用开水烫弯，弯成弯钩形状，坐车时便能使用。

（5）开放性。“开放”就是让思想冲破牢笼，没有顾忌地飞翔。开放的对立面是封闭。封闭的环境会扼杀产生的创新思维。

（6）间断性和连续性。这是人的思维的特征。一个正在思考问题或专心说话的人，一旦被打断，便很难再续上去。这就是思维的间断性表现。如果在创新的过程中遭遇困难、风险，遇到危机，甚至会损害自身利益，创新思维就会被中断。当然，如果在思维创新上不思进取，创新自然难以为继。

激发潜伏在体内的创新思维

创新思维是人类才有的高级思维活动，是成为各种出类拔萃的人才所必须具备的条件。心理学认为：创新思维是指思维不仅能提示客观事物的本质及内在联系，而且还能产生新颖的、具有社会价值的前所未有的思维成果。

即使遗失了与生俱来的创造性思维，我们也可以通过运用心理学上的“自我调节”，有意识地在各个方面认真思考和勤奋练习，重新将创造性思维找回来。卓别林说过：“和拉提琴或弹钢琴相似，思考也是需要每天练习的！”

张开想象的翅膀

爱因斯坦曾经说过：“想象力比知识更重要，因为知识是有限的，而想象力概括着世界的一切，推动着进步，并且是知识进化的源泉。”

他之所以能研究出“狭义相对论”，便是因为他在孩童时期便常常幻想自己同光线赛跑。而世界上第一架飞机也来自人们想要像鸟类一样飞翔的梦想。幻想是创造性想象的一种特殊形式，适当的幻想能够引导人们发现新事物，做出新努力、新探索和创造性的劳动。

大部分人终其一生只运用了大脑想象区大约15%的空间，开发这个空间应该从想象开始。想象力是人类运用储存在大脑中的信息进行综合分析、推断和设想的思维能力。

培养发散性思维

发散思维的含义是指一个问题假如存在着不止一种答案，就要通过思维的向外发散，找出更多妥帖的创造性答案。

“涉猎多方面的学问可以开阔思路……对世界或人类社会的事物形象掌握得越多，越有助于抽象思维。”1979年诺贝尔物理学奖金获得者、美国科学家格拉肖这样启发我们。

当我们思考砖头有多少用途的时候，充分运用发散性思维可以给出我们如此多的答案：建筑房屋、铺路、刹住停靠在斜坡的车辆、砸东西、压纸、垫高、防卫的武器……这就是发散思维的力量！

发展直觉思维

顾名思义，直觉思维是指不经思考分析的顿悟，是创造性思维活跃的表现之一。

物理学家阿基米德在跳入浴缸的时候，注意到浴缸溢出水的体积大约等同于身体入水部分的体积，灵光一闪，发现了“阿基米德定律”，即比重定律。

达尔文在观察植物幼苗生长的过程中，发现幼苗顶端向太阳照射的方向弯曲，推测出可能是由于其顶端含有某种物质，在光照的作用下，转向背光一侧。后来，在达尔文的基础上，科学家作了反复研究，才找到这种植物生长素。

在学习过程中，直觉思维可能表现在许多方面，比如大胆的猜测，急中生智的回答，或者新奇的想法和方案等。在发现和解决问题的过程中，我们要及时留住这些突然闯入的来客，努力发展自己的直觉思维。

培养思维的独创性、灵活性和流畅性

创造力建立在广博的知识基础上，包括三个因素：独创性、灵活性和流畅性。

对刺激做出不同寻常的反应是思维的独创性，能流畅地做出反应的能力是流畅性，而灵活性是指随机应变的能力。

在20世纪60年代，美国心理学家曾经对大学生进行自由联想与迅速反应训练，要大学生针对迅速抛出的观念，做出最快的反应。速度越快，讲得越多，表示流畅性越高。这种疾风骤雨式的训练，非常有益于促进创造性思维的发展。

培养强烈的求知欲

人类对自然界和自身存在的惊奇是哲学的起源。

古希腊哲学家柏拉图和亚里士多德认为，当人们在对某一问题具有追根究底的探索欲望时，积极的创造性思维由此萌发。精神上的需求是产生求知欲的基础。我们要有意识地设置难题或者探索前人遗留的未解之谜，激发自己创造性学习的欲望。把强烈的求知欲望转移到科学上去，不断探索，使它永远保持旺盛。这样才能使自己在学习过程中积极主动地“上下求索”，进而探索未知的新境界、新知识，创造前所未有的新成就。

创新思维与企业创新

首先看一个案例：

【案例】海尔小小神童洗衣机

无论各行各业，都存在着旺季与淡季之分，洗衣机厂也不例外。一般说来，洗衣机的销售淡季主要是每年的8~9月份，也就是夏季最热的时候。每当遭遇淡季，各大洗衣机厂便召回销售人员以减少成本，并且被动等待旺季到来。

海尔工作人员通过分析发现，夏季恰恰是人们最需要洗衣服的时节，大部分人都有天天洗澡日日更衣的习惯，可是为什么洗衣机反而没有市场呢?

结论是，人们换洗衣服勤快，可夏季衣服通常较薄，而洗衣机容量又太大，常洗小件衣服既费水又耗电还不容易清洁干净。

根据以上情况，海尔人开发出了容量为1.5千克的“小小神童”洗衣机，不但满足了消费者的需求，也消除了洗衣机市场的淡季之说。

后来，海尔还研制出不用洗衣粉的洗衣机，“洗净比”甚至高于普遍使用洗衣粉的洗衣机，病菌杀灭率也非常高，最让人无法抗拒的是海尔的洗衣机都很有特色，操作非常简单人性化，难怪成为行业翘楚。

企业发展需要创新思维。其实，创新思维与企业之间是相互联系相互促进的，不但企业发展需要创新思维，创新思维也能够推动企业的发展。

下面就来具体分析企业和创新思维之间的相互关系：

1. 企业发展需要创新思维

企业发展需要创新思维，这是因为：

（1）创新思维能给企业带来进步技术。市场结构和技术领域发生了翻天覆地变化的现代，企业必须创新才能适应市场以及创造利润。

（2）创新思维是市场的推动力。企业需要不断地变革创新，来适应产品周期的兴衰或市场的产业结构变动，以确保在新的经济环境的挑战中，不断进步。

（3）企业的创新与国家政策紧密相连。如果想加快企业发展，获得更多市场份额，就要时时关注国家政策的要求。

（4）创新思维是促进企业内部发展的必要条件。企业的更快更好发展带来的福利和待遇的提高，是企业内部每一个成员的期望。创新是企业发展的不竭源泉。

2. 创新思维能推动企业的发展

技术创新思维和管理创新思维是企业创新的重要组成部分，它们能够巩固和发展企业竞争力、企业生命力、企业文化等。

企业创新思维包括：创造新产品或将原有产品赋予新的功能；采用新方法；开辟新市场；获得新供给来源；实行新的企业组织形式；实施新的管理实施办法；使用新的人才录用机制等。

（1）管理创新思维为什么能推动企业发展?

管理创新思维能够有效地整合人力资源、让企业最大限度发挥人力作用，从而起到推动企业发展的作用。

管理创新思维可以推动企业的市场竞争力。改革开放后，敢于运用创新思维进行改革的企业得到了长足的发展。

管理创新思维可以推动企业文化。有了创新思维就会对不符合企业发展的企业文化提出质疑，然后进行调整，能丰富和完善企业文化，促进企业员工了解企业文化，加大归属感。

管理创新思维能推动企业凝聚力。管理创新思维能给企业带来生机，给员工带来实际利益，企业的凝聚力就加强了。企业凝聚力提高后，优秀人才不但会失而复得，还能吸引大批外来人员。

（2）技术创新思维为什么能推动企业发展?

技术创新思维包括新技术的引用、新设备的投入、新产品的设计等，极大地推动着企业在科技技术发展、新技术产品开发和新业务的拓展等方面的新成就。

技术创新思维能够促进产品不断创新，跟随市场需求变动，在激烈的竞争中提高市场占有率，从而锻炼企业的技术队伍，提升企业的技术实力，增强企业的核心竞争力。

技术创新思维运用到企业的创新技术人才管理和新技术开发及引进方面，能够使企业始终保持强势的核心竞争力和旺盛的生命力。

技术创新思维能够在企业进行新技术开发和引进的时候，引发成员的危机感，促使他们学习新知识来适应企业的人才需要，而企业必须招揽能够尽快适应新技术的优秀人才，从而推动企业的人力资源管理。

创新思维从人事制度、企业文化、技术知识、财务等各方面全方位地推动着企业竞争力的加强和发展，巩固着企业在市场竞争中的地位，保持企业旺盛的生命力。

【案例】上海通用汽车的柔性化生产模式

几乎中国所有的汽车工厂都是采用一个车型、一个平台、一条流水线、一个厂房的生产方式。但是上海通用却实现了在一条生产线上共线生产四种不同平台的车型，这种生产方式叫作“柔性化”生产方式。

与此方式相配备的是严格而规范的采购系统，科学严密的物流配送系统，以市场为导向的高度柔性化生产系统，以及以客户为中心的客户关系管理系统，这些配备共同组成了柔性化生产管理模式，为厂家和消费者带来了最直接的利益——金钱与时间。

柔性化生产管理模式多年来深入了上海通用企业管理的每一个环节，这也是通用汽车占据汽车市场极大份额的原因。

创新思维与社会创新

首先，了解什么是社会创新。

社会创新是指可以实现社会目标的新想法，通过发展新产品、新服务和新机构来满足未被满足的社会需求。社会创新的过程是国家政府、城市以及企业通过设计和开发新的有效方法，应对城市扩张、交通堵塞、人口老龄化等一系列迫在眉睫的必须解决的问题的过程。

（1）人口老龄化。

当老年人在总人口的比例中占了绝大多数或者有了很大比例的上升，就需要有新的如养老金和护理等方法、形式甚至法律来保障老年人的利益，改善他们的生活境况。

（2）差异文化。

世界上不同文化、民族、国家甚至不同城市之间，都具有差异性，这些差异性容易造成彼此的冲突和憎恶。因此，我们需要以创新的方式来进行文化教育和语言学习，来促进不同地域文化间的和谐。

（3）医疗部门。

传统的医疗部门在抑制慢性病发生率和急性病转化成慢性病的过程中，并未发挥出完善的作用。因此，越来越多的人开始认识到创新的必要性。

（4）个人不良习惯的治疗。

传统的方法对于解决吸烟饮酒、赌博、肥胖和不良饮食习惯等“富贵病”常常束手无策，这些大多由于富裕引起的行为问题正在等待创新。

（5）环境问题。

二氧化碳排放量超标导致的全球变暖，人类滥砍滥伐造成的热带雨林面积的剧减，都使气候发生了不可逆转的变化。如何重新调整交通系统，重组城市布局和住房体系，来适应这种状况，各界都在等待合适有效的创新方法。

其次，创新活动必然需要机构、组织或个人来发起，那么哪些机构、组织或个人掌握了发起社会创新的先天条件呢？

实现社会创新并不是一件容易的事情，总会遇到来自各方面的阻力。这些阻力使社会创新无法成功实现，也可以看成社会创新失败的原因。

具体表现在：

（1）里昂那多效应。

很久以前，有一个叫里昂纳多的人，他总是会有一些奇怪的想法，例如插上翅膀就可以成为飞人等。但这在他所处的时代无法实现，并且违反了物理学原则。

虽然人们天生就具有创造力和好奇心，但是社会创新并不总是简单易行，应该说社会创新的实现是非常有难度的。特别是那些远远超过现有科技水平、像直升机那样高高在上的想法。人们将这种情形称之为“里昂那多效应”。

（2）不适宜的环境。

可保证的法律制度与开放的媒体和网络是实现社会创新的关键因素。商业环境中的社会创新通常会因为资本垄断受阻；政治和政府方面的社会创新活动通常被党派竞争所阻；社会机构可进行的社会创新活动则通常因为私心和经验不足而受阻。

（3）失败的规律。

社会创新同商业和科技领域里的多数创新一样，通常失败次数比成功的次数多得多。

（4）社会创新实行者的错误想法。

政府或公共部门对新想法通常会保持谨慎的态度，因为他们责任在身，并且是在用稳定性为人们的生活提供依靠（比如交通等系统和福利发放部门）。大多数的公共服务和非营利组织，通常会集中精力运用管理来提高现有模式的水准，而并非采取新想法。因此，社会创新实行者对政府反应迟缓的错误想法也会影响他进一步改善自己的想法，以至于影响社会创新活动的顺利实施。

（5）缺乏耐性。

显然，缺乏耐性的创新活动领导者很难将任何一件事情真正打理成功。

创新思维与个人创新

创新思维有时与个体创新有着密切的联系。

【案例】

几名装修工在帮助客户装修房子时遇到了一个问题：要把新电线穿过一个10米长，但直径只有25厘米的管道。管道砌在墙壁的砖石里，转了4个弯。要把电线装好，就必须打烂墙壁，不仅花费不小，房子的主人也不情愿。

大家思考了很久，却依然想不出不毁坏墙壁就让电线穿过去的方法。

突然间，一个员工想到了一个点子。大家一听，连连称妙。根据这个点子进行操作，果然很快就把问题解决了。

解决这一难题的主角，竟然是两只小白鼠！

他们到一个商店买来两只小白鼠，一只公一只母，然后把一根线绑在公鼠身上并把它放到管子的一端。

另一名工作人员则把那只母鼠放到管子的另一端，逗它“吱吱”地叫。公鼠听到母鼠的叫声，便沿着管子跑去救它。公鼠沿着管子跑，身后的那根线也被拖着跑。电线拴在线上，小公鼠就拉着线和电线跑过了整个管道。

这是一个比较简单的运用创新思维的案例，点子虽简单，却可以解决大问题，这就是创新思维的魅力所在。

由此，我们应该认识到：

1. 培养个体创新思维十分重要

俗话说得好：“不怕做不到，就怕想不到。”思路决定出路。在竞争激烈的社会中，要想取得一番成就，就必须具有创新思维。

你用哪一种思维思考问题，往往决定你会拥有怎样的人生。社会环境和自身条件并不能限制个人的成功，我们需要发展创新思维和创新精神，来适应不断进步的时代，造就精彩的人生。创新是新时代的主旋律，创新素质是当代人才选拔的标准。是否具有创新能力和是否具有创造力，是衡量人才价值和能否成为一流人才的标尺。

2. 个体创新思维的 4 个阶段

创造性思维并非喊喊口号或者凭空想象就可以获得，它通常需要经过很多有序的思考才能完成整个创意过程。

而创新思维一般由准备、酝酿、顿悟、验证这 4 个阶段组成，各个阶段互相联系，相互交叉。

3. 顿悟阶段个体创新思维方法

个体创新思维的方法不胜枚举，如果不运用正确的思维方式，很难解决问题。但是，掌握创新思维方法只是基础，只有深入理解才能在特定的环境和事件中合理应用创新思维来解决具体问题，进行创新活动。

其实，每个人自身都有一座宝藏，一座几乎被遗忘的宝藏。那就是我们的头脑，我们的创新思维；头脑能思维，思维能产生创意，创意能改变世界——人的外在世界和内心世界。

认真地挖掘这座属于你自己的宝藏，肯定会有意想不到的收获。

第二章

心理制胜：改变始于自己

以“己变”应万变

对于每一件事物，我们都应该首先去认识事物的性质和特点，然后再根据实际情况来调整改变自己的思路和行为方式。只有如此，我们才能在顺应事物变化的同时，驾驭变化，走向成功。

现代社会，瞬息万变。如果我们的思维不能顺时而变、顺势而变，那么生存的空间可能就会很小。

动物学家们在做青蛙与蜥蜴的比较实验时发现：

青蛙在捕食时，四平八稳、目不斜视、呆若木鸡，直到有小虫子自动飞到它的嘴边时，才猛地伸出舌头，粘住飞虫吃下去。

之后，它又开始那目不斜视的等待。看得出来，青蛙是在“等饭吃”。而蜥蜴则完全不同，它们整天奔忙在私人住宅区、老式办公楼、蓄水池边等地方，四处游荡搜寻猎物。一旦发现目标，它们就会狂奔猛追，直到吃到嘴里为止。吃完后，它们在略事休息，喝口水后，就整装待发，又去“找饭吃”了。

我们不妨将青蛙与蜥蜴的捕食方法当作两种不同的处世风格。

青蛙的捕食方法也有可能会吃饱，但它对环境的依赖性过高，不能对随时变化的环境做出迅速的反应，池塘一旦干涸了，青蛙也就消失了；而蜥蜴的方法却很灵活，它们能够快速适应变化了的环境，所以，即使这一片池塘干涸了，蜥蜴仍能够活跃在另外一个池塘边。

曾有一位哲人说过："如果你不能阻止环境的变化，那么就改变自己，去适应它吧。"

改变了自己，相当于为自己提供了更多的生存机会，为职场发展扫除了诸多障碍，为事业的成功增添了砝码。

1930年，日本初秋的一个清晨，一个只有1.45米的矮个子青年从公园的长凳上爬了起来，徒步去上班，他因为拖欠房租，已经在公园的长凳上睡了两个多月了。他是一家保险公司的推销员，虽然工作勤奋，但收入少得甚至租不起房子，每天还要看尽人们的脸色。

一天，年轻人来到一家寺庙向住持介绍投保的好处。老和尚很有耐心地听他把话讲完，然后平静地说："听完你的介绍之后，丝毫引不起我投保的意愿。"

"人与人之间，像这样相对而坐的时候，一定要具备一种强烈吸引对方的魅力，如果你做不到这一点，将来就不会有什么前途可言……"

从寺庙里出来，年轻人一路思索着老和尚的话，若有所悟。接下来，他组织了专门针对自己的"批评会"，请同事或客户吃饭，目的是请他们指出自己的缺点。

"你的个性太急躁了，常常沉不住气……"

"你有些自以为是，往往听不进别人的意见……"

"你面对的是形形色色的人，必须要有丰富的知识，所以必须加强进修，以便能很快与客户找到共同的话题，拉近彼此之间的距离。"

……

年轻人把这些可贵的逆耳忠言一一记录下来。每一次"批评会"后，他都有被剥了一层皮的感觉。通过一次次的"批评会"，他把自己身上那一层又一层的劣根性一点点剥落。

与此同时，他总结出了含义不同的39种笑容，并一一列出各种笑容要表达的心情与意义，然后再对着镜子反复练习。

年轻人开始像一条成长的蚕，随着时光的流逝悄悄地蜕变着。到了1939年，他的销售业绩荣膺全日本之最，并从1948年起，连续15年保持全日本销售量第一的好成绩。1968年，他成了美国百万圆桌会议的终身会员。

这个人就是被日本国民誉为“练出价值百万美金笑容的小个子”、被美国著名作家奥格·曼狄诺称为“世界上最伟大的推销员”的推销大师原一平。

“我们这一代最伟大的发现是，人类可以由改变自己而改变命运。”原一平用自己的行动印证了这句话，那就是：有些时候，迫切应该改变的或许不是环境，而是我们自己。

有时想一想，顿觉人生如钓鱼。如果你固守在一个位置，用一套渔具、一个方法来钓，也许可以偶尔钓上来一条，但不会钓到大鱼，更不会有许多鱼上钩。

钓鱼的设备和方法要随着不同情况而有所改变。钓不同的鱼要用不同的鱼饵、不同长度的线；即使钓同一种鱼，依季节的变化，方法也不相同。鱼不会听从人的安排而上钩，但想钓上它来，就必须改变自己，以你的方式适应鱼的习性。

世界上的任何事情都不会完全按照我们的主观意志去发展变化。我们要获得成功，就首先得去认识事物的性质和特点，适时地调整自己。如果我们想当然地凭自己的想法去办事，就会像钓鱼不知道鱼的习性一样，注定要徒劳无功。

所以，做一切事、解决一切问题，我们都必须随着客观情况的变化而不断地调整自己，不断地采取与之相适应的方法，做到以“己”变应万变，才能够在职场上立足，使自己的职业之树常青。

对此，你可以运用思维导图，针对自己的现状，画出你身上的优秀品质，以及需要改变和调整的地方。

画出发掘你创造力的思维导图

由于思维导图能够最大限度地挖掘大脑中的创造潜力，目前有很多企业和个人都在创造和运用开启创造力的思维导图，取得的效果也非常惊人。

一个学习型公司的总裁说：“作为一个头脑风暴的工具，思维导图让我们感觉到创造力一下子打开了，新点子层出不穷，真是思如泉涌，这种感觉以前从来没有过，真是太棒了。”

那好，从现在开始，就让我们也来创造开启创造之门的思维导图吧。

在画图之前，让我们先来做以下的测试，评判一下你的创造能力：

1. 在学校里，我喜欢试着对事情或问题做猜测，即使不一定都猜对也无所谓。

A. 完全符合　B. 部分符合　C. 完全不合

2. 我喜欢仔细观察我没有看过的东西，以了解详细的情形。

A. 完全符合　B. 部分符合　C. 完全不合

3. 我喜欢听变化多端和富有想象力的故事。

A. 完全符合　B. 部分符合　C. 完全不合

4. 画图时我喜欢临摹别人的作品。

A. 完全符合　B. 部分符合　C. 完全不合

5. 我喜欢利用旧报纸、旧日历及旧罐头等废物来做成各种好玩的东西。

A. 完全符合　B. 部分符合　C. 完全不合

6. 我喜欢幻想一些我想知道或想做的事。

A. 完全符合　B. 部分符合　C. 完全不合

7. 如果事情不能一次完成，我会继续尝试，直到成功为止。

A. 完全符合　B. 部分符合　C. 完全不合

8. 做功课时我喜欢参考各种不同的资料，以便得到多方面的了解。

A. 完全符合　B. 部分符合　C. 完全不合

9. 我喜欢用相同的方法做事情，不喜欢去找其他新的方法。

A. 完全符合　B. 部分符合　C. 完全不合

10. 我喜欢探究事情的真假。

A. 完全符合　B. 部分符合　C. 完全不合

11. 我喜欢做许多新鲜的事。

A. 完全符合　B. 部分符合　C. 完全不合

12. 我不喜欢交新朋友。

A. 完全符合　B. 部分符合　C. 完全不合

13. 我喜欢想一些不会在我身上发生过的事情。

A. 完全符合　B. 部分符合　C. 完全不合

14. 我喜欢想象有一天能成为艺术家、音乐家或诗人。

A. 完全符合　B. 部分符合　C. 完全不合

15. 我会因为一些令人兴奋的念头而忘记了其他的事。

A. 完全符合　B. 部分符合　C. 完全不合

16. 我宁愿生活在太空站，也不喜欢住在地球上。

A. 完全符合　B. 部分符合　C. 完全不合

17. 我认为所有的问题都有固定的答案。

A. 完全符合　B. 部分符合　C. 完全不合

18. 我喜欢与众不同的事情。

A. 完全符合　B. 部分符合　C. 完全不合

19. 我常想要知道别人正在想什么。

A. 完全符合　B. 部分符合　C. 完全不合

20. 我喜欢故事或电视节目所描写的事。

A. 完全符合　B. 部分符合　C. 完全不合

21. 我喜欢和朋友一起，和他们分享我的想法。

A. 完全符合　B. 部分符合　C. 完全不合

22. 如果一本故事书的最后一页被撕掉了，我就自己编造一个故事，把结局补上去。

A. 完全符合　B. 部分符合　C. 完全不合

23. 我长大后，想做一些别人从没想过的事情。

A. 完全符合　B. 部分符合　C. 完全不合

24. 尝试新的游戏和活动，是一件有趣的事。

A. 完全符合　B. 部分符合　C. 完全不合

25. 我不喜欢太多的规则限制。

A. 完全符合　B. 部分符合　C. 完全不合

26. 我喜欢解决问题，即使没有正确的答案也没关系。

A. 完全符合　B. 部分符合　C. 完全不合

27. 有许多事情我都很想亲自去尝试。

A. 完全符合　B. 部分符合　C. 完全不合

28. 我喜欢唱没有人知道的新歌。

A. 完全符合　B. 部分符合　C. 完全不合

29. 我不喜欢在班上同学面前发表意见。

A. 完全符合　B. 部分符合　C. 完全不合

30. 读小说或看电视时，我喜欢把自己想成故事中的人物。

A. 完全符合　B. 部分符合　C. 完全不合

31. 我喜欢幻想200年前人类生活的情形。

A. 完全符合　B. 部分符合　C. 完全不合

32. 我常想自己编一首新歌。

A. 完全符合　B. 部分符合　C. 完全不合

33. 我喜欢翻箱倒柜，看看有些什么东西在里面。

A. 完全符合　B. 部分符合　C. 完全不合

34. 画图时，我很喜欢改变各种东西的颜色和形状。

A. 完全符合　B. 部分符合　C. 完全不合

35. 我不敢确定我对事情的看法都是对的。

A. 完全符合　B. 部分符合　C. 完全不合

36. 对于一件事情先猜猜看，然后再看是不是猜对了，这种方法很有趣。

A. 完全符合　B. 部分符合　C. 完全不合

37. 玩猜谜之类的游戏很有趣，因为我想要知道结果如何。

A. 完全符合　B. 部分符合　C. 完全不合

38. 我对机器有兴趣，也很想知道它里面是什么样子，以及它是怎样转动的。

A. 完全符合　B. 部分符合　C. 完全不合

39. 我喜欢可以拆开来的玩具。

A. 完全符合　B. 部分符合　C. 完全不合

40. 我喜欢想一些新点子，即使用不着也无所谓。

A. 完全符合　B. 部分符合　C. 完全不合

41. 一篇好的文章应该包含许多不同的意见或观点。

A. 完全符合　B. 部分符合　C. 完全不合

42. 为将来可能发生的问题找答案，是一件令人兴奋的事。

A. 完全符合　B. 部分符合　C. 完全不合

43. 我喜欢尝试新的事情，只是为了想知道会有什么结果。

A. 完全符合　B. 部分符合　C. 完全不合

44. 玩游戏时，我通常是有兴趣参加，而不在乎输赢。

A. 完全符合　B. 部分符合　C. 完全不合

45. 我喜欢想一些别人常常谈过的事情。

A. 完全符合　B. 部分符合　C. 完全不合

46. 当我看到一张陌生人的照片时，我喜欢去猜测他是怎么样一个人。

A. 完全符合　B. 部分符合　C. 完全不合

47. 我喜欢翻阅书籍及杂志，但只想知道它的内容是什么。

A. 完全符合　B. 部分符合　C. 完全不合

48. 我不喜欢探寻事情发生的各种原因。

A. 完全符合　B. 部分符合　C. 完全不合

49. 我喜欢问一些别人没有想到的问题。

A. 完全符合　B. 部分符合　C. 完全不合

50. 无论在家里或在学校，我总是喜欢做许多有趣的事。

A. 完全符合　B. 部分符合　C. 完全不合

该测验可以测试创造性的四种特征，即**冒险性、好奇心、想象力、挑战性**。记分的方法是**“完全符合”记3分，“部分符合”记2分，“完全不合”记1分。**

其中“冒险性”包括1、5、21、24、25、28、29、35、36、43、44等11题，满分33分；

“好奇心”包括2、8、11、12、19、27、32、34、37、38、39、47、48、49等14题，满分42分；

“想象力”包括6、13、14、16、20、22、23、30、

31、32、40、45、46 等 13 题，满分 39 分；

“挑战性”包括 3、4、7、9、10、15、17、18、26、41、42、50 等 12 题，满分 36 分。

在好奇性特征上得分高：表明受测者具有下列个性品质：富有追根究底的精神；主意多，乐于接触暧昧迷离的情境；肯深入思索事物的奥妙；能把握特殊的现象并观察其结果。在好奇性特征上得分低，表明受测者不具备上述特征，影响受测者创造力的发展。

在想象力特征上得分高：表明受测者具有下列特征：善于视觉化并建立心像；善于幻想尚未发生过的事情；可进行直觉地推测；能够超越感官及现实的界限。低分者缺乏想象力，因而创造性不高。

在挑战性特征上得分高：表明受测者具有下列特征：善于寻找各种可能性；能够了解事情的可能性及现实间的差距；能够从杂乱中理出秩序；愿意探究复杂的问题或主意。低分者在这方面表现出因循守旧的特点，因而缺乏创造性。

在冒险性特征上得分高：表明受测者具有下列特征：勇于面对失败或批评；敢于猜测；能在杂乱的情境下完成任务；勇于为自己的观点辩护。而低分者缺乏冒险性，因而创造性不足。

通过这个测试，想来你对自己的创造力已经有了一个比较准确的估价。接下来，你就可以根据自己的具体情况，画一张发掘创造力的思维导图了。

为了用思维导图证实我们具有非凡的创造力，现在让我们做一个关于“水”的练习，并尝试自己绘制一幅简单的思维导图。

首先，我们在思维导图上画“水”的形象图。分别有 5 条或更多的分支将从思维导图的中心发散出去，并且每条分支的“末梢”又有三条小的分支。

接下来，运用你的想象力，给那些分支加上关键词和图形。那么，围绕“水”字就引发出 5 个主要想法，这样你第一次的

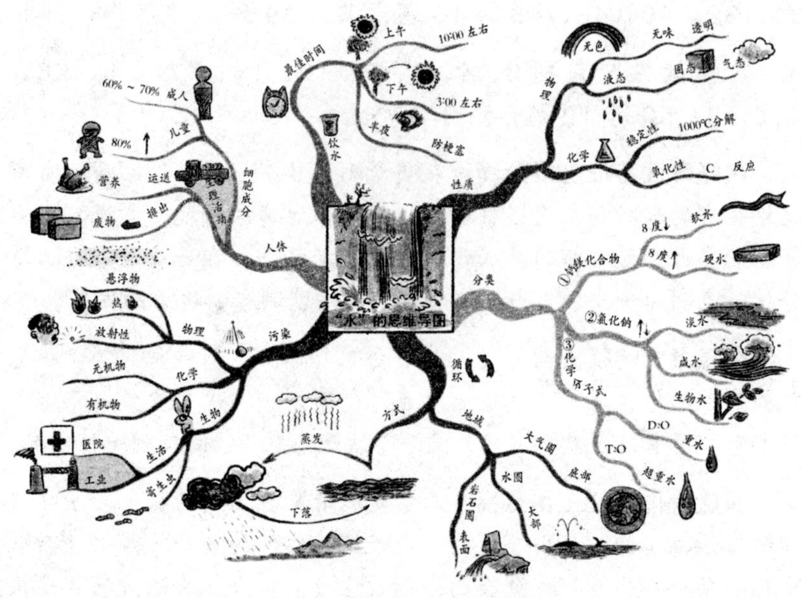

创造成果就增加到了 5 个。

其次，你可以使用这 5 个新创造出来的想法，把它们中的每一个都另外扩展出三个新的想法，这样就又增加了三倍，或者说增加了 300%。即，瞬间的工夫，你把你的一个想法扩展出 15 个新想法。

如果现在让你把最初扩展出来的 15 个关键词中的每一个再扩展 5 个呢？你当然可以！那将会创造出 75 个新想法。

如果接着扩展下去呢，又将会有 375 个新想法……

一直扩展下去，可以持续多久呢？

答案是永远！

这就是思维导图的神奇之处，同时也证明了我们每个人都有无限的创造力。因此，思维导图是发掘你无穷创造潜能的最好方法。

让大脑迸发创意的火花——灵感

生活中，也许你会遇到这样一种情况：一个难题难住了你，你也使用了吃奶的力气去寻找解决的办法，但是结果一点收获都没有。

你垂首丧气、疲惫不堪，就在决定放弃的时候。意想不到的事情出现了，呀，你猛地抬起头来，双眼圆睁，啊哈！你突然意识到，你已经撞到了解决问题的答案——灵感。

法国著名画家毕加索曾说："艺术家是一个容器，他可以容纳来自四面八方的感情，可以是来自天上的，地下的，来自一张碎纸片，也可以是来自一闪即过的形象，或是来自一张蜘蛛网。"毕加索说的，就是创意的火花——灵感。

灵感指的是当人们研究某个问题的时候，并没有像通常那样运用逻辑推理，一步一步地由未知达到已知，而是一步到位，一眼看穿事物的本质。

神话传说中的灵感是缪斯女神对凡间诗人的赐予。如此说来，灵感似乎是神赐之物，它来自外部。或许某些发挥创造力的人在某些情况之下会认为自己的灵感的确是来自外部，但冷静地分析下来，大部分的情况并非如此。一个人灵感"来"的时候，会达到一种极度专注的境界，这可能是外在事物带来的一种刺激，但绝非拜神所赐。

著名的诗《忽必烈汗》是英国浪漫主义诗人柯勒律治从一次梦中得到的启示，醒来之后即刻写下来，直到一位访客到他家拜访，打断了他的思绪，这首诗后来就写不下去了。

现代英国诗人豪斯曼曾生动地描述他创作一首诗的灵感过程。他写作时习惯在住家附近的英国乡下散步，他说：在途中，这首诗的其中两段就来到我脑中，跟后来出版的一字不差。喝完下午茶之后，稍做努力，第三段也跟着来了。但还差一段，就是来不了，那一段我还得费事自己写呢。

著名作家赖声川的舞台剧《在那遥远的星球，一粒沙》的故事也是他做梦梦到的，半夜醒来，逼自己起床写下来。最后完成的剧本跟那天半夜的笔记相差甚少。

豪斯曼说那些词句“就来到我脑中”到底是什么意思？从哪里来？赖声川说《在那遥远的星球，一粒沙》的故事是“做梦梦到的”，那故事又是从哪里来的？难道空气中某处真的存在一间大仓库，里面装满故事、诗、音乐、画、各种发明和创意点子供创意人取用？谁能走进这间仓库？去哪里办通行证？还是真的有“缪斯”，我们可以培养她们，随时请求她们从空气中传递创意构想和执行方法给我们？

其实灵感的产生没有那么玄。灵感的产生与我们的内在需求相呼应。针对创意题目，灵感提供可行的答案和方向。

以豪斯曼及赖声川为例，这是很明确的。以柯勒律治为例，我们无法确定他是否一直想写一个异国情调的浪漫诗，或者是否一直对蒙古帝国感兴趣，但灵感在他身上产生的时候，并不是以无法辨认的密码形式出现的，它是可理解的，并且应当是针对他意识中或潜意识中所关心的题目而来的。

换句话说，当你苦思一个创意题目时，来的灵感是针对这个题目的。万一是另一个题目的答案来到心中，这题目必定也是在自己意识或潜意识中浮现过的。

灵感的逻辑很难捉摸。当灵感来的时候，它可能出现的面貌好比说是“A”，但它带来的联想未必是“B”，很可能是“C”，而从“C”未必顺理成章到达“D”，可能直接跳到结论“Z”。

所以说，当我们看到“A”突然联结到“Z”，不了解整体情况的人会觉得毫无道理，所以看不懂，认定是神秘而不可分析的。但跳跃的逻辑也是一种逻辑，道理自然存在于它发生的过程中。

为什么在某一时刻，思考者会对某样东西或某件事物产生一种新的视角，看到新的可能性，知道如何组合、清楚地排列到心中？虽然灵感的发生充满神秘色彩，但不管多么随机、庞大、复杂，灵感发生的方式确实有其脉络可循。

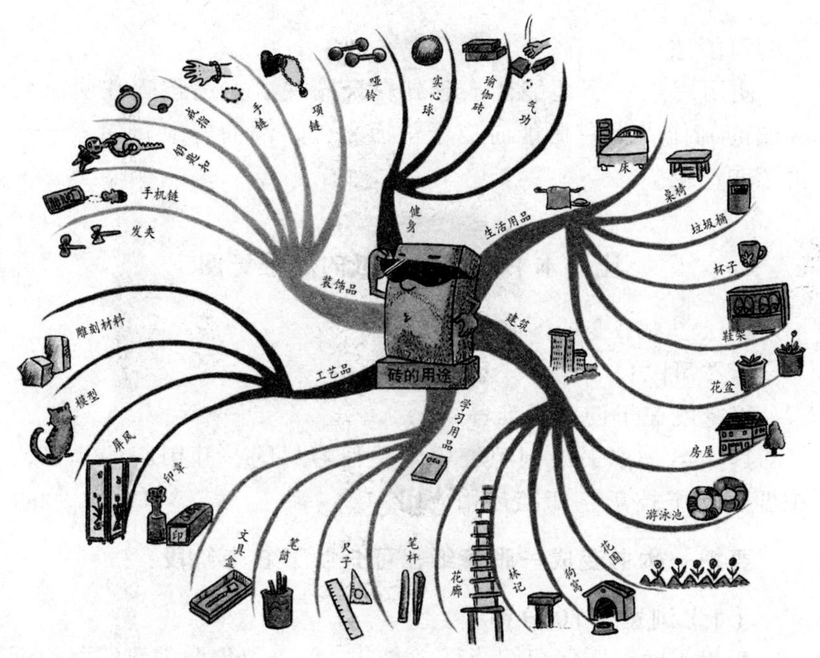

这些用途都可以在思维导图中很好地表示出来（见上图）。

不知你尝试过每个月至少读一本自己并不感兴趣的书没有？你只有在阅读过程中受到新的影响，才能得到新的想法。

爱因斯坦曾说过："我日复一日、年复一年地不断思考，99 次的结论都是错误的，但第 100 次我是正确的。"很多灵感在刚产生的时候就被扼杀了，没经过任何考验，因此，它们仅仅是灵感而已。

还有很多灵感在实现过程中由于种种原因失败了——每次当你想出一个新创意时，你一定能听见很多关于失败的例子。

如果你想有所收获，你必须敢于尝试新事物。要想成功，你必须敢于面对失败。事实上，如果你想让你的灵感得到生长，来一点小小的疯狂是会有所帮助的。

提倡使用思维导图进行创意性工作，其中一个最大的好处就是激发创意和灵感，加强和巩固构思过程，增加了生成新想法的可能性。

使用思维导图还能让人感到轻松愉快、充满幽默，使思维导图的制作者极有可能游离于常识之外，因而导致新创意——灵感的产生。

让一本书变成一张纸的思维导图

能让一本书变成一张纸吗？

当然可以！

秘密就在于使用思维导图。

其实给一本书绘制思维导图是很容易的。简单归纳起来，主要有两个技巧：即准备和应用。

要把一本书变成一张薄纸，可分以下8个阶段：

（1）浏览（10分钟）。

在我们确定要仔细阅读某一本书之前，首先要大致浏览一下全书。把握住对全书的“感觉”。

这时，我们可以取一张大纸，或者用一张思维导图专用纸，在纸中间画一个中央图，并将该书主题或者书名总结上去。

如果该书封面和内页里有特别引人注目的彩色图像，不妨把这个图像作为中央图。如果你对从中央图像发散出去的主干有非常合理的把握，不妨同时画上主要分支。它们经常是与全书的主要篇章或者章节相符合的，也符合你阅读该书的目的。

（2）设定时间和总量目标（5分钟）。

这一点可以根据你的学习目标、该书的内容和难度水平以及你已经具有的知识总量，决定你将花在本书全部任务上的全部时间，以及每个学习期间所包含的内容。

（3）用思维导图画出与该书有关的知识（10分钟）。

你可以不管刚才画过的思维导图，直接拿过几张纸来，以尽量快的速度画一张思维导图，把你对于即将要学习的有关知识画出来。其中包括你在前面翻阅本书时得到的任何信息，再加上总体的知识，或者在你目前得到的所有与该课题有关的任何信息。

结果会令很多人吃惊，因为他们会惊讶地发现，他们对一些课题已经具备的知识比他们预想的多得多。它还可以让你看出自己知识领域里的强项和弱项，让你知道哪些方面的知识是需要进一步弥补的。

（4）用思维导图画出确定的目标（5分钟）。

你可以用不同的颜色在刚刚完成的知识思维导图上增加一些内容，或者重新拿一张新纸，再画一幅思维导图，说明你学习本书的目标。这些目标可以是一些具体的问题，你希望得到对这些问题的回答，可能是你希望知道的更多的有关知识，或者是你希望获取的某些技巧。

（5）~（8）为总述、预览、内视和复习。

以上阶段准备完毕，你就可以开始在这四个水平上进行阅读了——总述、预览、内视和复习，这样水平上的阅读会把你带入该书更深的层次。

这个时候，你可以一边读书一边做思维导图；一边读一边在书上做一些标记，并在事后完成思维导图。这些办法都同样有效——你所选择的都是根据个人的爱好，同时也决定着这本书是否是你自己的。

不过，事后画思维导图也有一个好处，即你只在掌握理解了全书内容，或部分内容与彼此的关系后才开始做。你的思维导图因此就会更为全面，更有一个核心，也不太可能需要修改。

实际上，不管你选择哪一种方法，都必须记住，对一本书做思维导图都是一个双向的过程。目标不是简单地以思维导图的形式复制作者的思想。它是要根据你自己的知识、理解力、解释和具体目标来组织和综合书的思想。你的思维导图应该能够理想地包括你自己的评论、想法以及从刚刚读到的东西里得到的创造性的理解。用不同的颜色或者代码会把你自己对该图的贡献与作者的思想区分开来。

第三章

用创新力提升行动效能

正确地做事和做正确的事

让我们先看一个故事。

这是约翰·米勒先生亲身经历的一件事，也许从这件事中你可以体会出“效能”的含义。

那是阳光明媚的一个中午，在明尼阿波利斯市区，米勒先生经过一家叫“石邸”的餐厅，想吃顿简单的午餐。

餐厅就餐的人非常多，赶时间的米勒先生，很庆幸找到了一张吧台旁边的凳子坐了下来。几分钟后，有位年轻人端了满满一托盘要送到厨房清洗的脏碟子，匆匆地从他的身边经过。年轻人用眼角余光注意到了米勒先生，于是停下来，回头说道，“先生，有人招呼您了吗？”

“还没有，”他说，“我赶时间，只是想来一份沙拉和两个面包圈。”

“我替您拿来，先生。您想喝点什么？”

“麻烦来杯健怡可乐。”

“对不起，我们只卖百事可乐，可以吗？”

“啊，那就不用了，谢谢。”米勒先生面带微笑，说道，“请给我一杯水加一片柠檬。”

“好的，先生，马上就来。”他一溜烟不见了。

过了一会儿，他为米勒先生送来了沙拉、面包圈和水，留下米勒先生用餐。

又过了一会儿，年轻人突然为米勒先生送来了一听冰凉的健怡可乐。

米勒先生一阵高兴，却又有疑问："抱歉，我以为你们不卖健怡可乐。"他说。

"没错，先生，我们不卖。"

"那这是从哪儿来的？"

"街角杂货店，先生。"米勒先生惊讶极了。

"谁付的钱？"他问。

"是我，才两块钱而已。"

听到这里，米勒先生不禁为年轻人专业的服务所折服，他原本想说的是："你太棒了！"但实际却说："少来了，你忙得不可开交，哪有时间去买呢？"

面带笑容的年轻人，在米勒先生眼前似乎变得更高更大了。"不是我买的，先生。我请我的经理去买的！"

米勒先生被这位年轻人高效能的工作作风所感动了，他认为这个店员选用了"正确的方式"做了"正确的事"，于是米勒先生当时就决定：把这家伙挖过来，不管多费事！你明白了吗？"效能"就是指"用正确的方式做了正确的事"。"正确地做事"保证了做事的效率，"做正确的事"保证了将事做对，二者结合在一起，也就保证了我们说的"工作效能"。

"正确地做事"指的是方法问题。就像这个故事中的年轻人变通地"让经理替自己去杂货店买健怡可乐"这一做法就属于"正确地做事"。

他没有拘泥于传统的服务理念，而是以顾客的需求为重，努力找方法创造性地满足了顾客的需求。这种创造性思维和做法都是我们所提倡的。

要了解"做正确的事"的含义，就要先了解什么才是"正确的事"。

我们的生活、工作中有许许多多的事情需要去做，是否这些都是“正确的事”呢？不是的。比如，你在第二天有重要的工作要做，现在需要充分地休息，可这时接到一个朋友的电话邀请你去酒吧聊天。那么，“休息”就是“正确的事”，而“去酒吧聊天”就不是“正确的事”。

我们每天面对的众多事情，怎么才能区分哪些是需要做的“正确的事”呢？其实，按照轻重缓急的程度，我们遇到的事情可以分为以下四个象限，即重要且紧急的事，重要但不紧急的事，紧急但不重要的事，不紧急也不重要的事。

第一象限是重要又急迫的事。诸如应付难缠的客户、准时完成工作、住院开刀，等等。

第二象限是重要但不紧急的事。比如，长期的规划、问题的发掘与预防、参加培训、向上级提出问题处理的建议，等等。

第三象限属于不紧急也不重要的事。既然不重要也不紧急，那就不值得花时间在这个象限。

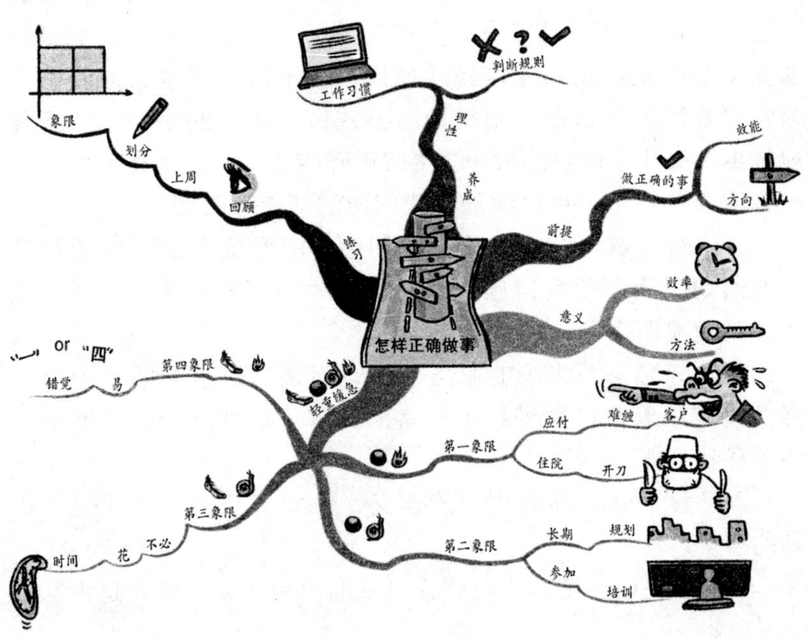

第四象限是紧急但不重要的事。表面看似第一象限，因为迫切的呼声会让我们产生“这件事很重要”的错觉——实际上就算重要也是对别人而言。电话、会议、突来访客都属于这一类。我们花很多时间在这个里面打转，自以为是在第一象限，其实只是在第四象限徘徊。

现在我们不妨回顾一下上周的生活与工作，你在哪个象限花的时间最多？请注意，在划分第一和第四象限时要特别小心，急迫的事很容易被误认为是重要的事。

其实二者的区别就在于这件事是否有助于完成某种重要的目标，如果答案是否定的，便应归入第四象限。

要学会把时间花在第二象限，做重要而不紧迫的事。那样才会减少重要的事进入第一象限，变得紧急。

在工作中，我们需要时刻提醒自己，怎样做才是创造最高工作效能的最佳方式？找到重要但不紧急的事，之后用上全部的智慧、最恰当的方法去做好它，你的工作就能够保持高效而平衡了。

机器不转动，工厂也能赚钱

据参观丰田工厂的人说，丰田工厂和其他工厂一样，机器一行一行地排列着。但有的在运转，有的都没有启动，很显眼。

于是有的参观者疑惑不解：“丰田公司让机器这样停着也赚钱？”

不错，机器停着也能赚钱！这是由于丰田汽车公司创造了这样的工作方法：必须做的工作要在必要的时间去做，以避免生产过量的浪费，避免库存的浪费。

原来，不当的生产方式会造成各种各样的浪费，而浪费又是涉及提高效能增加利润的大事。

丰田公司对浪费做了严格区分，将浪费现象分为以下7种：

（1）生产过量的浪费；

（2）窝工造成的浪费；

（3）搬运上的浪费；

（4）加工本身的浪费；

（5）库存的浪费；

（6）操作上的浪费；

（7）制成次品的浪费。

丰田公司又是怎样避免和杜绝库存浪费的呢？许多企业的管理人员都认为，库存比以前减少一半左右就无法再减了，但丰田公司就是要将库存率降为零。为了达到这一目的，丰田公司采用了一种“防范体系”。

就以作业的再分配来说，几个人为一组干活，一定会存在有人“等活”之类的窝工现象存在。所以，有人就认为，对作业进行再分配，减少人员以杜绝浪费并不难。

但实际情况并非完全如此，多数浪费是隐藏着的，尤其是丰田人称之为“最凶恶敌人”的生产过量的浪费。丰田人意识到，在推进提高效率缩短工时以及降低库存的活动中，关键在于设法消灭这种过量生产的浪费。

为了消除这种浪费，丰田公司采取了很多措施。以自动化设备为例，该工序的“标准手头存活量”规定是5件，如果现在手头只剩3件，那么，前一道工序便自动开始加工，加到5件为止。

到了规定的5件，前一道工序便依次停止生产，制止超出需求量的加工。后一道工序的标准手头存活量是4件，如减少1件，前一道工序便开始加工，送到后一道工序。后一道工序一旦达到规定的数量，前一工序便停止加工。

像这样，为了使各道工序经常保持标准手头存活量，各道工序在联动状态下开动设备。这种体系就叫作“防范体系”。

在必要的时刻，一件一件地生产所需要的东西，就可以避免生产过量的浪费。

在丰田生产方式中，不使用“运转率”一词，全部使用“开动率”，而“开动率”和“可动率”又是严格区分的。所谓开动率就是，在一天的规定作业时间内（假设为 8 小时），有几小时使用机器制造产品的比率。假设有台机器只使用 4 小时，那么这台机器的开动率就是 50%。开动率这个名词是表示为了干活而转动的意思，倘若机器单是处于转动状态即空转，即使整天开动，开动率也是零。

“可动率”是指在想要开动机器和设备时，机器能按时正常转动的比率。最理想的可动率是保持在 100%。为此，必须按期进行保养维修，事先排除故障。由于汽车的产量因每月销售情况不同而有所变动，开动率当然也会随之而发生变化。如果销售情况不佳，开动率就下降；反之，如果订货很多，就要长时间加班或倒班，有时开动率为 100%，有时甚至会达 120% 或 130%。丰田完全按照订货来调配机器的“开动率”，将过量生产的浪费情况减少到最低，才出现了即使机器不转动也能赚钱的局面。

讲到这里，不得不提戴尔公司的“零库存管理模式”，它与丰田的“防范体系”颇有异曲同工之妙。

戴尔公司走在物流配送时代的前列。分析家们分析戴尔成功的诀窍时说：“戴尔总支出的 74% 用在材料配件购买方面，2000 年这方面的总开支高达 210 亿美元。如果我们能在物流配送方面降低 0.1%，就等于我们的生产效率提高了 10%。”

戴尔公司分管物流配送的副总裁迪克·亨特说：“我们只保存可供 5 天生产的存货，而我们的竞争对手则保存 30 天、45 天，甚至 90 天的存货。这就是区别。”

戴尔是怎样做到的呢？原来，这一切的实现源于互联网生产与客户紧密相连。

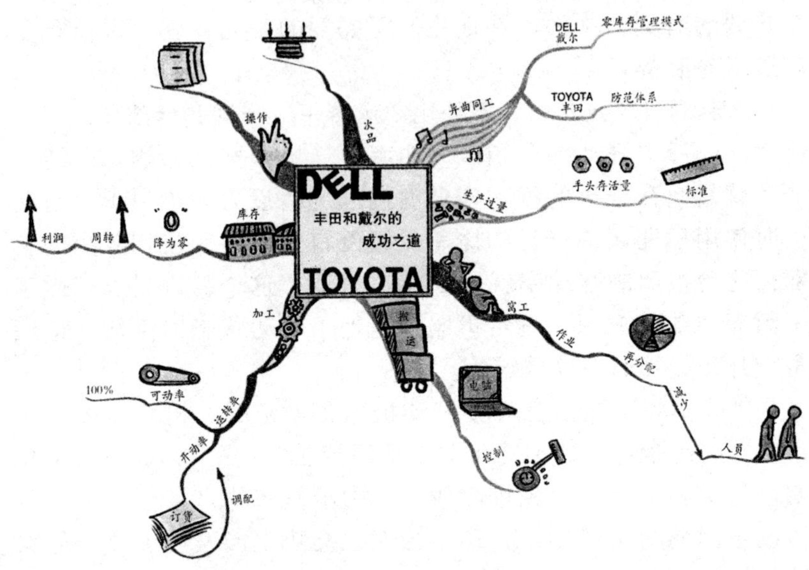

工厂的多数生产过程都由互联网控制，就连几辆鸣着喇叭在厂房里穿行的叉车都是由无线电脑来控制其装卸活动的。

公司30万平方米的厂房不仅是戴尔追求效能的标志，而且是公司不断缩短从顾客订货至成品装车这段时间的标志。目前的目标是5～7小时。

由于戴尔公司按单定制，因此，这些库存一年可周转15次。相比之下，其他依靠分销商和转销商进行销售的竞争对手，其周转次数还不到戴尔公司的一半，这种快速的周转能使总利润多出1.8%～3.3%。

据此，我们可以用一幅思维导图对丰田和戴尔的成功之道进行对比分析。

好创意使危机变商机

对于常常无所不在的问题，究竟是令人讨厌的危机，还是一种蕴含希望的契机呢？

一般情况下，很多人都会不假思索地回答是前者，但那些优秀的员工却有不同的答案。

危机可以转变为商机，这是所有优秀员工最基本的观念。每当他们面对问题时，总会这样想："这里面藏有什么样的机会呢？"

在优秀员工的眼中，问题永远不是"无法完成任务"的预言家，而是"机会"的乔装者。无论所面对的问题难度有多大，优秀人士所做的，首先是坦然地接受"问题"，然后对这个问题做出冷静、清晰的分析，积极行动，让隐藏在问题背后的机会浮出水面。因此，每当问题到来，他们总会说："感谢上帝！又有巨大的机遇等着我去发现了。"而不是放下工作，中途逃避、退缩。

当危机出现时，积极应对、巧妙利用，也可以转化为很好的发展机遇。

在美国纽约，有一家联合碳化钙公司，为了进一步谋求发展，斥巨资新建了一栋52层高的总部大楼。工程马上就竣工了，但如何面向社会宣传而又不引起人们的反感呢？公司的广告部人员绞尽了脑汁，仍然找不到一个满意的宣传方式。

就在这时，突然接到值班人员的报告，在大楼的32层大厅中发现了大群的鸽子。这群鸽子似乎将这个大厅当成巢穴了，把整个大厅搞得脏乱不堪。正是这群鸽子，给广告部人员带来了灵感，公司的公关广告专家们非常敏感地抓住这一偶然事件大做文章，制造新闻。他们先派人关好窗子，不让鸽子飞走，并立即打电话通知了纽约动物保护委员会，请他们立即派人妥善处理好这些鸽子。

可想而知，历来以注重动物保护而自誉的美国人会怎么样。

动物保护委员会的人闻讯后立即赶来了，他们兴师动众的大举动马上惊动了纽约的新闻界，各大媒体竞相出动了大批记者前来采访。三天之内，从捉住第一只鸽子直到最后一只鸽子落网，新闻、特写、电视录影等，连续不断地出现在报纸和荧屏上。这期间，出现了大量有关鸽子的新闻评论、现场采访、人物专访。而整个报道的背景就是这个即将竣工的总部大楼。

此时，公司的首脑人物更是抓住这千金难买的机会频频出场亮相，乘机宣传自己和公司。一时间，“鸽子事件”成了酷爱动物的纽约人乃至全美国人关注的焦点。随着鸽子被一只只放飞，这家碳化钙公司的摩天大楼以极快的速度闻名遐迩了，但是，这家碳化钙公司却连一分钱的广告费都没花。

无独有偶，英国一家足球生产厂接到了一份“莫名其妙”的控诉，因此而面临一场不大不小的危机。

一天，在英国麦克斯亚洲的法庭上，一位中年妇女声泪俱下，面对法官，严词指责丈夫有了外遇，要求和丈夫离婚。她对法官控诉了自己的丈夫，指责他不论白天还是黑夜，都要去运动场与那“第三者”见面。法官问这位中年妇女：“你丈夫的‘第三者’是谁？”她大声地回答：“‘第三者’就是臭名远扬、家喻户晓的足球。”面对这种情况，法官啼笑皆非，不知如何是好，只得劝这位中年妇女说：“足球不是人，你要告也只能去控告生产足球的厂家。”不料，这位中年妇女果真向法院控告了一年可生产20万只足球的足球厂。

更让人意想不到的却是这家被人控告到法庭上的足球厂，他们在接到法院的传票后，不怒反喜，竟爽快地出庭，并主动提出愿意出资10万英镑作为这位中年妇女的孤独赔偿费。这位太太喜出望外、破涕为笑，在法庭上大获全胜。

大家知道，英国是现代足球的发祥地，其国人对足球的酷爱几乎达到了发狂的地步，这场因足球而引起的官司自然在全英国产生了巨大的轰动效应，各个新闻媒体都做了大量的报道。

头脑精明的厂长，敏锐地利用了一次非常糟糕的事件大做文章，没花一分钱的广告费，却让他和他的足球厂名声大振，闻名遐迩。这位足球厂厂长在接受记者采访时说：“这位太太与其丈夫闹离婚，正说明我们厂生产的足球魅力之大，并且她的控词为我厂做了一次绝妙的广告。”后来，这家足球厂的产品销量因此直线上升，成为同行中的“领头羊”。

优秀的员工往往能从危机中寻找可以利用的商机，在失利中寻找契机，从而使自己反败为胜。只要思路再灵活一些、方法再得当一些，遇上的麻烦可能会带给你推销自己和企业的机会。

每一个人都有可能成功，但有时就差这么一点点火候，把握好时机，你便走到别人的前面了。

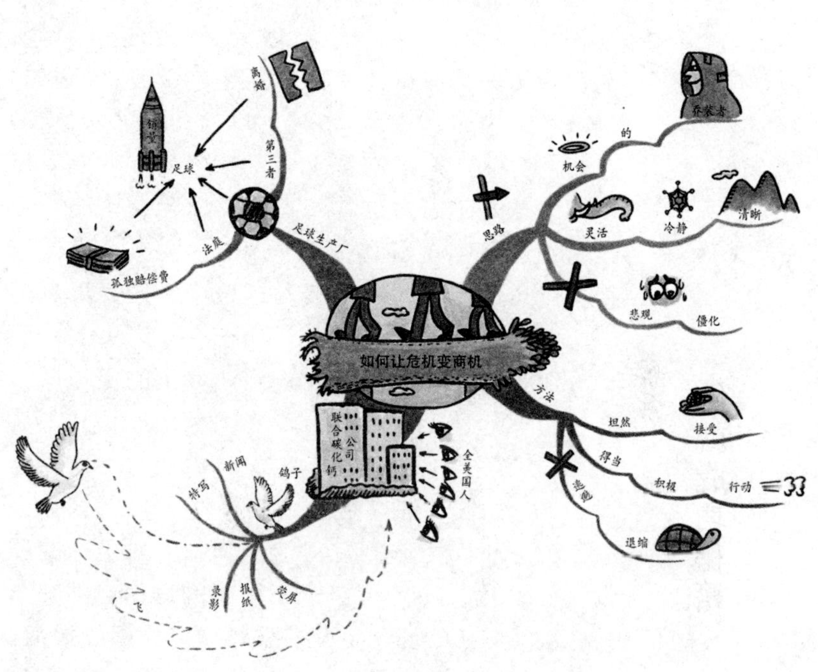

第三篇

练就成功秘籍

第一章
社交能力

利用思维导图提高情商

著名GOOGLE公司中国区总裁李开复曾说："情商意味着：有足够的勇气面对可以克服的挑战、有足够的度量接受不可克服的挑战、有足够的智慧来分辨两者的不同。"自20世纪90年代以来，一个新的名词"情商"被人们普遍使用，有研究者甚至认为，一个人的成功，情商因素远远大于智商因素。

那么什么是情商呢？情商是怎么被人们发现的，这个概念又是谁提出来的？我们能不能把握自己的情商呢？

科学研究的结果表明，人的情商不是一成不变的，是可以通过对大脑的开发及科学的训练得到不断提高的。大量的实践证明思维导图就是可以引导大家迅速提高情商的有力工具。

情商就是情绪商数，情绪智力，情绪智能，情绪智慧。也就是我们经常说的理智、明智、理性、明理，主要是指的你的信心，你的恒心，你的毅力，你的忍耐，你的直觉，你的抗挫力，你的合作精神等等一系列与人素质有关的反映程度。它是一个人感受理解、控制、运用表达自己以及他人情绪的一种情感能力。

1995年，美国哈佛大学心理学教授丹尼尔·戈尔曼提出了"情商"（EQ）的概念，认为"情商"是一个人重要的生存能力，是一种发掘情感潜能、运用情感能力影响生活各个层面和人生未来的关键品质因素。戈尔曼认为，在成功的要素中，智力因素固然是重要的，但情感因素更为重要。

丹尼尔·戈尔曼在其所著的《情感智商》一书中说：“情商高者，能清醒了解并把握自己的情感，敏锐感受并有效反馈他人情绪变化的人，在生活各个层面都占尽优势。情商决定我们怎样才能充分而又完善地发挥我们所拥有的各种能力，包括我们的天赋能力。”丹尼尔·戈尔曼所偏重的是日常生活中所强调的自知、自控、热情、坚持、社交技巧等心理品质。

为此，他将情商概括为以下5个方面的能力：

（1）认识自身情绪的能力；

（2）妥善管理情绪的能力；

（3）自我激励的能力；

（4）认知他人情绪的能力；

（5）人际关系的管理能力。

哈佛心理学家麦克利兰研究一家全球餐饮公司，发现高情商的人中，87%业绩突出，奖金额领先，其所领导的部门销售额超出指标15%～20%。而情商低的人，年终考评成绩很少取得优秀，其所领导的部门业绩低于指标20%。所以，著名的二八法则告诉我们：成功的20%靠智商，80%靠情商。

在这里，有三种提升情商的途径：

学会控制情绪是提升情商的前提

很多人在情绪发作过后，错已铸成的时候，才后悔当初没有控制好自己的情绪，其实问题的所在并不是他没有控制情绪的能力，而是他没有在日常生活中养成控制自己情绪的习惯，没有认识到失去控制的情绪是可以随时将人带入天堂或地狱的。

情商较高的人往往能有效地察觉出自己的情绪状态，理解情绪所传达的意义，找出某种情绪和心境产生的原因，并对自我情绪做出必要和恰当的调节，始终保持良好的情绪状态。

情商较低的人则因不能及时地认识到自我情绪产生的原因，而无法有效地对情绪进行控制和调节，导致消极情绪如雾一样弥漫心境，久久难以消退。

所以，要想完善自己的行为，必须从头脑开始打造自己。而要打造高情商，就要通过反复的实践去领悟，让思想逐渐感化自我。我们要通过加强修养逐渐学会控制自己的情绪，如果你能够成为驾驭自己情绪的主人，你未来的人生肯定会更加美好。

培养自信心是提升情商的基础

自信，是一个人做任何事情的基础、获取成功的基石。怀着自信的心态，一个人就能成为他希望成为的样子。

生活中蕴藏着这样一个道理，强者不一定是胜利者。但是，胜利者都属于有信心的人。一个不能说服自己能够做好所赋予任务的人，不会有自信心。

平时，对自信习惯的培养很重要。对事情进行分析，找出事情获得成功的关键因素，对非关键性因素，自己的非能力，要正确面对，要学会抓大放小。

一个具有自信心的人，通常会认为自己有智慧、有能力，至少不比别人差；有独立感、安全感、价值感、成就感和较高的自我接受度。同时，有良好的判断力、坚持己见，具有良好的合作精神和适应性。

一个自信的人，不会在任何困难面前轻易低头。你觉得自己将无一是处，你就不会再向更高的目标努力。因为良好的自我心像表现出来就是自信心。

用幽默感提升情商层次

在幽默大师查理·卓别林眼里，幽默是智慧的最高体现，具有幽默感的人最富有个人魅力，他不仅能与别人愉快相处，更重要的是拥有一个快乐的人生。

幽默能使生活变得轻松，使你生活在愉快的氛围里。生活虽然说起来充满了喜怒哀乐，但是谁都盼望自己的生活中多一些欢乐，少一些忧愁和烦恼。幽默的语言可以对人们的生活做

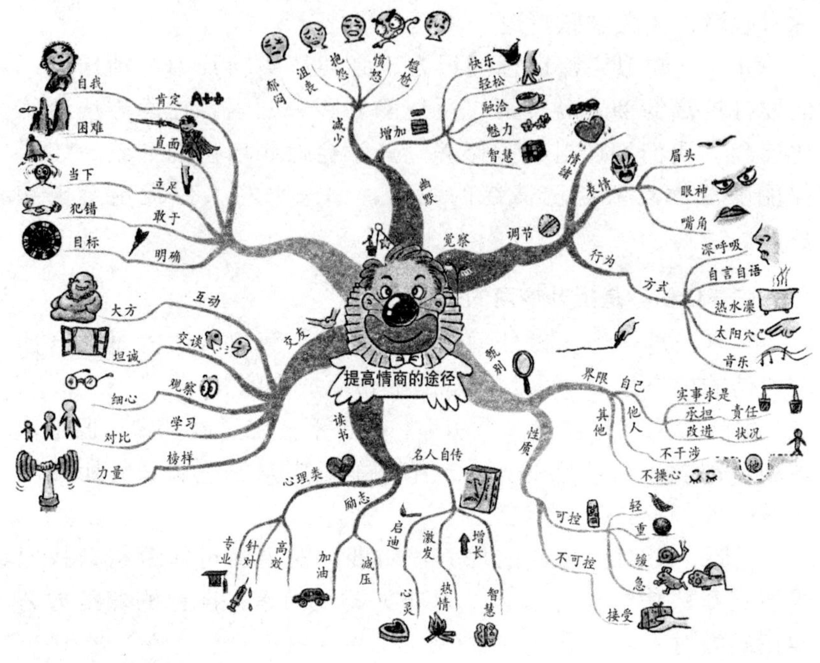

出恰当的喜剧性反映，它通常会带给人们极大的趣味性和娱乐性，有时它还可以消除生活中的一些窘境，减少那些不愉快的情绪，给生活带来轻松和乐趣。

幽默在人们生活中的重要性，如同生物对于阳光、水和空气的需要。对疲乏的人们，幽默就是休息；对烦恼的人们，幽默就是解药；对悲伤的人们，幽默就是安慰；对所有的人，幽默就是力量！

用爱心和诚信编织自己的社交网络

生活中，当你迫切需要有一位知心朋友、一份新工作、一栋新房子或提升你的专业技能时，你可以去找专业人士咨询介绍。但是如果你拥有一个完好的社交网，你完全可以不花这份“冤枉”

钱，你所需要的一切建议都可以从人际网中免费获得，而且是最快速、最安全、最可靠的。

当然，这个前提是你必须用爱心和诚信来编织。同时你需要建立一个自己的朋友档案。

那么，平时应该怎样建立自己的朋友档案呢？

首先，你可以把上学时的同学资料做一个记录整理出来，当毕业几年甚至几年后，你会有很多同学分散在各种不同的行业，有的可能已经在某个行业小有成就。当你需要帮忙时，凭着你们原来的同窗关系，他们一定会帮你忙的。这种同学关系还可从大学向下延伸到高中、初中、小学，如能充分运用这种关系，这将是你一笔相当大的资源和财富。当然，要建立起这些同学关系，你得经常与他们保持联系，并且随时注意他们对你的态度。

其次，整理你身边朋友的资料，对他们的具体情况做个详细记录。他们的住所、电话、工作等。工作变动时，也要在你的资料上随时修正，以免需要时找不到人。

同学和朋友的资料是最不能疏忽的，你还可以在档案中记下他们的生日，并在他们生日时寄上一张贺卡，或者一份精美礼物，这样你们的关系一定会突飞猛进。平时注意保持这种关系，到你有事相求时，他们一定会尽力相助，万一他们自己帮不了你，也可能动用自己的关系网为你帮忙。

同时，在应酬场合中认识的“朋友”也不能忽略，尽管你们只交换过名片，还谈不上交情。这种“朋友”面很广，各行业各阶层都有，所以你应该保留好这些名片，并且在名片上尽量记下这个人的特征，以备再见面时能“一眼认出”。

现代社会，电脑已经成为很多人不可缺少的办公设备，因此你也可以用电脑建立一个朋友档案。也有人用笔记簿，还有人用名片簿，这些都各有长处。

不管你使用什么方法，在建立这种档案时，有几点你必须记住：每个朋友对你都有用处，每个朋友都不可放弃，每个朋友都要保持一定的关系。

人与人之间的感情是在相处中慢慢培养出来的，人与人之间关系也会随着感情的加深而加深。在现代社交中，不仅要拥有自己的朋友档案，还要学会如何与他人和谐相处，这样才能将“社会关系”这张网编织完美。

那么，怎样才能使自己广结人缘并与他人和谐相处？

要想与人和谐相处，最起码应该做到以下几点：

（1）要学会真诚地欣赏和赞美别人的长处，因为每个人的身上都有自己闪光的一面，所以学会欣赏并赞美别人，是赢得友谊的第一步；

（2）在与人相处时，不要处处争强好胜，处处显得比对方强，这样容易引起对方的反感，甚至引发矛盾；

（3）在与人交往中，应学会分享别人的喜怒哀乐，注意给他人以支持和鼓励；

（4）要学会尊重和认可他人的独特性，尊重他人的隐私权，给他人以独处的空间和时间。

只有当我们了解了他人和自我之后，才会积极主动地与他人交往，取得他人的认可和接受，以乐观向上的态度面对生命的每一天，学会善待自己，善待他人，是与他人和谐相处的基础。

生活中，只有你懂得了怎样与人和谐相处之后，才能结交更多的好朋友，学习到更多的东西，甚至帮助你迈向更大的成功。相反，也许你很能干，聪明过人，可是不懂得维护自己的“网络”，搞得关系紧张，人们不喜欢你，那么很多人为的机遇就会与你失之交臂，到头来你将一事无成。

现在，请你找出一张空白纸出来，画一幅表示你人际关系的思维导图，称量一下自己与人交往中，爱心和诚信的重量是多少？接下来，你就知道该怎么做了。

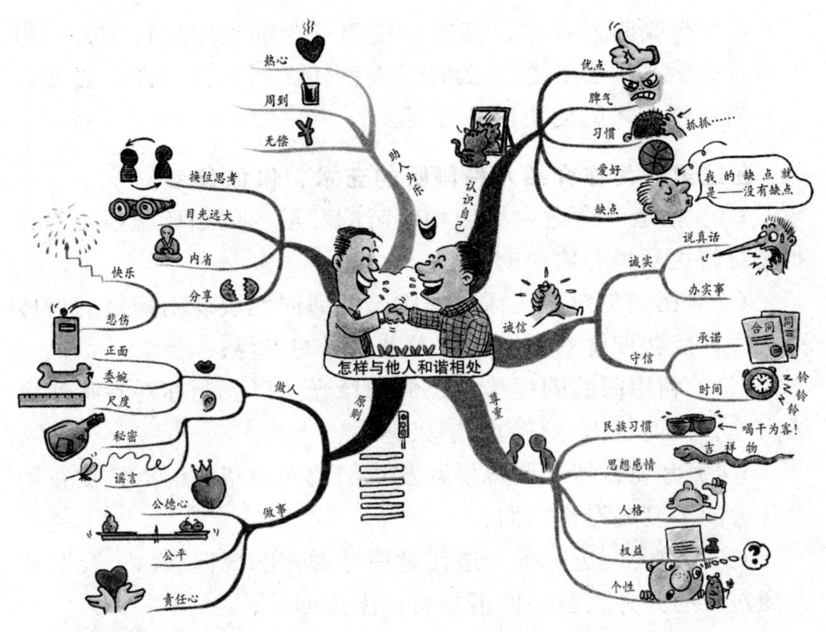

悉心倾听，开启对方的心门

倾听是一门艺术，运用思维导图，同样可以艺术地帮助我们。

古罗马诗人帕布利琉斯·赛勒斯曾经表示：一个人对他人感兴趣的最好、最简单、最有效的方法就是倾听他们说话——真正在听，关注他们说的每一句话，而不是站在那里盘算自己接下来该说些什么话题或奇闻逸事！

积极的悉心的倾听，能够表明你对对方的重视和尊重，能够轻易获得对方的好感，是走进他人内心的钥匙。

其实，倾听别人说话就是这样，你若能耐心地听对方倾诉，这就等于告诉对方“你说的东西很有价值”“你是一个值得我结交的人”。无形中，对方的自尊得到了满足。这样，彼此心灵间的交流就会使双方的感情距离越来越近。可见，善于倾听无形中起到了褒奖对方的作用，是建立良好人际关系的一个必要的手段。

交谈与倾听过程中，其实是按照一定的顺序进行的，不是想说什么就说什么，想什么时候说就什么时候说。即，需要双方的相互配合才能使谈话进行下去。

在这里，为你介绍几种倾听的艺术，供你参考：

（1）创造一个适合交谈和倾听的环境。比如环境很安静，能使对方达到身心放松的状态；

（2）在倾听对方说话过程中，要适时地表现出积极的身体语言，你能获取比对方说的话本身更多的内容；

（3）利用眼睛的优势，热情的目光可以表明你对聆听非常感兴趣，因而也仍然对他人感兴趣；

（4）客观看待一些容易触发我们负面情绪的词汇，试着用更开放的态度去看待它们；

（5）学会一边聆听一边注意思考对方的身体语言，及时捕捉到对方的弦外之音，但不能表现出走神儿；

（6）在不必要的情况下，尽量不要打断对方的讲话，注意对方的陈述；

（7）如果要插话的话，注意你讲话的时间不能太长，千万不要使对方变成你的聆听者；

（8）注意把握最核心的问题，如果对方的讲话已经脱离主题，你可以巧妙地把话题拉回来；

（9）心态要保持平和，充满耐心，自己更不能有偏见，不要造成争论的发生；

（10）不要随意猜测对方的意思，更不宜提前说出你的结论；

（11）在某些场合可以做笔记，不仅有助于你的聆听，也会让对方感觉到你对他讲话内容的重视；

（12）聆听时要懂得随声附和，并配合对方的表达速度而进行思考，跟着对方的节奏走，遇到不懂的问题要提出疑问，并得到确认。因为这些语意不清或不了解的话，可能就会造成以后彼此的误会；

（13）最后，当你耐心地听完对方的谈话后，自己也应该说一些和对方的话题有关的话。比如对对方说：“我对这些方面也很感兴趣。”接着可以继续说下去，甚至使自己变说话者，对方变成聆听者。这样经过及时交换位置的谈话也是交流取得成功的关键所在。

如果你是一个好的聆听者，善于倾听别人说话可以获得的3种好处：

1. 因为倾听而获得理解

如果你不能理解对方的谈话，你就不可能使事情很有条理地进行。而你能不能理解对方的谈话，完全取决于我们能不能专心聆听对方的谈话。

2. 因为倾听而可以下判断

如果你不能聆听对方的谈话，如何去判断他的想法？不能

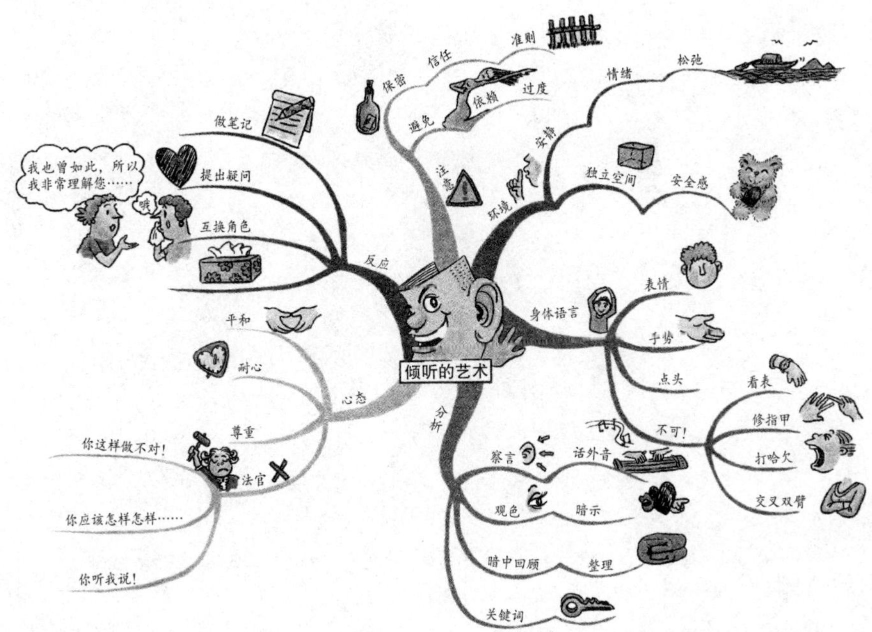

判断他的想法，就根本不能够利用他的想法创造有利于自己的状况。

3. 因为倾听而影响对方

在你聆听别人说话的同时，可以思考出如何影响他的方法。你提供对方说话的机会，就是让对方把说服他所必备的利器交到你的手中。但是，你必须记住，为了影响别人而聆听他人说话时，不可以有先入为主的观念，而必须敞开胸怀仔细聆听才可以。

当然，如果你能在聆听过程中，着手绘制思维导图的话，可以获得意想不到的好处，哪怕是在纸上信手涂鸦，它也可以帮助你集中注意力，能够挖掘你惊人的大脑智能，是比一般线性笔记更能让你轻松记住更多内容的方式。

同时，思维导图还可以在你大脑中用词汇和图像创造出丰富的联想，而且思维导图画得越独特，色彩越丰富，效果就越好。

第二章

个人发展

保持做事的秩序性

每件事情，若想做到有始有终，就必须改变我们的习惯思维。

曾经，美国西北铁路公司前总裁每天埋头在办公室里，处理着好像没完没了的工作。他第一次到心理诊所的时候，已处在精神崩溃的边缘，他的脸上写满了焦虑、紧张。他告诉医生，在他的办公室里有三张大写字台，上面堆满了东西，他每天都把全部的精力投入到工作，可工作似乎永远都干不完。

在与医生仔细地交谈以后，他回到办公室的第一件事就是清理办公桌，最后只留一张写字台，不仅如此，他还改变了自己以前的工作方法，现在他在做每一项新计划前，都会将手头的事情做完，让自己的思路更加清晰，工作随之更有条理化了。

保持做事的秩序性，可以减轻工作对自身的压力，提高工作效率，恢复身体的健康。

高效的工作，从某种意义上说，也就是换一种思维方式，合理安排好自己工作的秩序，这样将大大节省你的时间和精力，有利于你工作的展开。

1. 理出一个秩序

在一项新计划开始之前，我们应该让手头上的计划一一实现，这样才能让我们更加清晰地思考。

博恩·崔西在《简单管理》一书中写道："我赞美彻底和有

条理的工作方式。一旦在某些事情上投下了心血，带着明确的目的去做事，就可以减少重复，这样就能够大大提高工作效率。”

有秩序是一个人做事有目的的重要前提。

歌德说过：“选择时间就等于节省时间，而不合乎时宜的举动则等于乱打空气。”没有一个合理有序的工作秩序，做起事来必定像无头苍蝇一样乱撞，这样，要高效率地工作就是不可能了。

试想，如果一个经理整个上午要见客户，要处理资料，又要写年度报告，而他又不懂得合理安排自己的工作秩序，这样即便找个材料都会花半天时间，哪有效率可言。

工作的有序性，体现在对时间的支配上，首先要有明确的目的性，很多成功人士就指出，如果能把自己的工作任务清楚地写下来，便很好地进行了自我管理，就会使得工作条理化，因而使得个人的能力得到很大的提高。

只有明确自己的工作是什么，才能认识自己工作的全貌，从全局着眼观察整个工作，防止每天陷于杂乱的事务之中。

明确办事目的，将使你正确地掂量每件工作的轻重，弄清工作的主要目标在哪里，防止不分轻重缓急，耗费时间又办不好事情。

只有明确自己的责任与权限范围，才能摆脱自己的工作与上下级的工作以及同事工作中的互相扯皮和打乱仗现象。

有一种使工作明确化的简单方法，就是填写自己应做工作的清单。

首先试着在一张纸上毫不遗漏地写出你需要做的工作。凡是自己必须干的工作，且不管它的重要性和顺序怎样，一项也不漏地逐项排列起来，然后按这些工作的重要程度重新列表。

重新列表时，你要试问自己：“如果我只能干此表当中的一项工作，首先应该干哪一件事呢？”然后再问自己：“接着该干什么呢？”用这种方式一直问到最后一项。这样自然就按着重要性的顺序列出自己的工作一览表。其后，对你要做的每

一项工作应该怎么做，根据以往的经验，在每项工作上总结出你认为最合理有效的方法。

为了使工作条理化，不仅要明确你的工作是什么，还要明确每年、每季度、每月、每日的工作及工作进程，并通过有条理的连续工作，来保证正常速度执行任务。而这些都可以用思维导图轻松地体现出来。

在这里，为日常工作和下一步进行的项目编出目录，不但是一种不可估量的时间节约措施，也是提醒人们记住某些事情的手段。可见，制定一个合理的工作日程是多么重要。

工作日程与计划不同，计划在于对工作的长期计算，而工作日程表是怎样处理现在的问题。比如今天还有明天的工作，就是逐日推进的计划。有许多人抱怨工作太多又杂乱，其实是由于他们不善于制定日程表，无法安排好日常工作，有时候反而抓住没有意义的事情不放，不得不被工作压得喘不过气来。

2. 自制任务清单

为了使自己的工作做得更加有条理，我们可以根据人力资源管理专家的意见自制一张任务清单。清单的内容主要分为三个部分：任务分类、任务安排、任务总结。

任务分类的主要目的是向自己传达一种对待任务的态度。在这一部分当中，你的任务被分为四个类别：必须及时完成的工作，必须完成但可以稍微拖后的工作，完全没有必要完成的工作，时间允许的情况下最好能够完成的工作。这样，在填写清单的时候，你就可以根据自己的工作内容把自己的任务分门别类。

任务安排有些类似于工作日志，其主要目的就在于帮助自己明确每天的工作内容。

任务总结是指每个星期结束的时候，将由你自己根据自己的实际任务完成情况填写这部分内容，这样便可以检验自己的工作完成得如何。

毫无疑问，你的所有问题都将借用思维导图的帮助而清晰下来。在平时，不妨多用用思维导图。

养成把每件事画下来的习惯

在做事之前要习惯于把要做的事写下来，当然，我们建议用思维导图直接画下来。然后再进行缜密的分析，让自己更有计划地前行，这样会使你事半功倍，卓越而高效。

郭德纲的相声《梦中婚》中描述一个建筑工人在拿到图纸以后，看了一眼就去施工，结果把一口井建成了一支烟筒。这虽然很可笑，但笑过之余，也值得我们深思：正因为那个人在做事之前没经过仔细分析，结果闹出了笑话。

无独有偶，有这样一个广泛流传的管理故事，说的是一群伐木工人走进一片树林，开始清除矮灌木。当他们费尽千辛万苦，好不容易清除完一片灌木林，直起腰来准备享受一下完成了一项艰苦工作后的乐趣时，却猛然发现，不是这片树林，而是旁边那片树林才是需要他们去清除的！有多少人在工作中，就如同这些人，常常只是埋头工作，甚至没有意识到需要自己做的并非是自己想的那样。

这种看似忙忙碌碌、最后却发现自己背道而驰的情况是非常令人沮丧的，这也是许多效率低下，不懂得卓越工作方法的人最容易犯的错误，他们往往把大量的时间和精力浪费在一些无用的事情上。

为了避免这种情况在工作中发生，其实方法很简单，只要养成把每件事写下来的习惯，在做事之前认真思考，整理出一套简单而严格的工作步骤，这样你就会少走弯路而直达目的地。

1. 思考充分再行动

在工作中，有很多人总是低头做事，他们匆忙如自然界中的蚂蚁，却没有多少实质的收获，对他们来说，草率行事，冒冒失失是自己最好的写照。

冒失是一种轻率的表现，是指对任何事情都不能深思熟虑，只凭一时冲动匆忙做出决定，有时不计后果。冒失的人懒于思考，轻举妄动，为了迅速摆脱由动机斗争带来的内心痛苦和紧张情绪，他们不考虑主、客观条件和后果就贸然抉择，草率行事；他们生活节奏快，做事匆忙，往往一件事未干完，又去做另一件事，或几件事一起干。

这样工作的人，往往效率都很低。“凡事预则立，不预则废”，一个人只有知道如何安排工作，制定一个高明的工作进度表，才能高效率地办事，而制定这样一个工作进度表，首先就要养成勤于动笔的习惯，拿出一张纸，然后用笔记下你所要做的事，再排列出每一件事的先后顺序。最后按照这张表严格地执行。相信你一定会在短期内完成自己的工作任务。

2. 写下你的步骤

从事计划顾问多年的李冲，年薪超过 30 万。有一次宴会上，同行问他为什么他会比他的同事赚的钱多。他想了一会儿，回答说：“我每次在开始工作之前，都会将工作步骤写下来，通过仔细分析，总结出最好的方法时，才去行动。”

同行们请他谈谈他最好的方法，于是，李冲向人们讲述了他成功的诀窍——

第一步，我坚持深入调查，了解情况。

我对地方商业界的消息很灵通，哪个人被提升我都一清二楚，哪家公司有潜能、有发展，我也了如指掌。无论开会、聊天、度假，我都在搜集资料。我的专长就是对年轻的公司，特别是那些对年金或利润分红计划有兴趣的公司最有经验。

第二步，坚持打电话找公司里的高级经理。

首先我向他介绍我的身份来历、我的公司、我的资格以及我擅长的投资事业。然后，我会要求预约详谈。因为我的坦诚以及我从不利用欺骗来取得拜访客户的机会，所以基本上我都能如愿以偿。

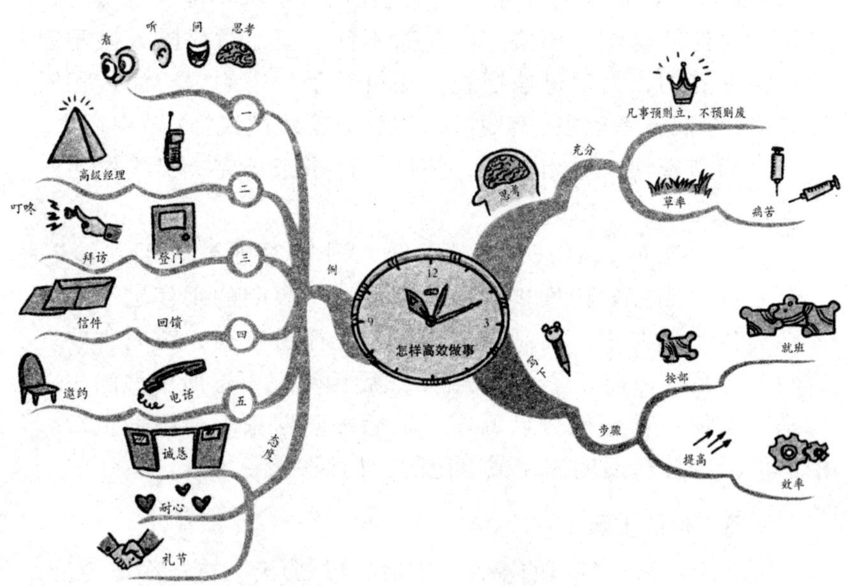

第三步，坚持登门拜访——我称之为出诊。

谈话之间，我尽可能地了解顾客的投资计划、性情、职业以及个人背景。我很少谈到我自己和公司的事情，而我提出的问题足以向他证明我很在行。

通常在谈话结束时，还没有具体的计划产生，可我已经敲开一扇门了。

第四步，坚持在拜访之后以个人名义写短信，告诉顾客很高兴与他见面，我们公司正在研究制订具体方案。

这封私人信件很有效，它是一种诚意的表示，而且会让顾客觉得自己特殊而重要。

第五步，发出信后，隔两三天我就坚持再打电话过去。

首先再一次向他致意，然后表示我愿竭力效劳，帮他成为成功的投资者。最后我约定第二次见面的时间。

当我第二次见客户时，会随身带几个方案去。尽管多数不会有什么结果，可我绝不强求，我的打算是建立长远的关系。

无论是做销售还是从事别的事业都和钓鱼一样，如果你太急躁，鱼儿都吓跑了。如果是我主动表示时间太局促，不好起草合同，特别是关系到大笔金额时，顾客就会愿意再考虑跟我合作的可能性

第二次见面后，事情就容易了，我可以打电话或亲自与顾客讨论计划。我会随时与顾客保持联系，直到成交为止。有时要磨上好几年工夫，然而机会一到，我就会签上五六个合同。好的钟表行走都是十分规律，不快也不慢的。有智慧的人做事也绝不会急于求成，也不会拖沓。他们做事总是有条不紊，不慌不忙。

高效率的人不是一有想法就马上去做，等发现偏差再去调整，而是像李冲那样一开始就把事情计划好，想好怎么做，把所有事情都想好，理清。

因为没有时间而赶着把事情做完的人，通常事后要花更多的时间把第一次没做好的事情做好。这样不仅浪费了工作时间，更降低了做事的效率。

有些人认为做事不匆忙是一件很容易的事情，只需要每一次做事时注意一下就行，其实一个人做事不急于求成是一种习惯，你会发现一个做事匆忙的人做所有的事情都是冒冒失失，他们是凭着自己的直觉在做事。要想改变做事急于求成的缺点，首先就是要在做每一件事情前把它们写下来写成计划和目标，而且形成习惯。

定期检讨自己行进的方向

我们要顺利地达到目的，就必须定期检讨自己的行进方向，合理地调整工作计划，放弃无谓的固执，顺利地到达自己的目的地。

某单位举办讲座，邀请北京某大学的一位教授给全体管理人员讲授“企业的可持续发展战略”。

在讲授之前，教授给大家出了一道有趣的思考题：

“很远的地方发现了金矿，为了得到黄金，人们蜂拥而去，可一条大河挡住了必经之路，你们会怎么办？”

一石激起千层浪，会场上顿时热闹起来。

有的说，游过去。有的说，绕道走。

但教授却笑而不语。

良久，教授才严肃认真地说：“为什么非要去淘金，为什么不可以买一条船搞营运，接送那些淘金的人，这样照样可以发财致富！”

全体愕然。

教授接着说：“人们为了发财，即使票价再贵，也心甘情愿买票上船，因为前面就是诱人的金矿啊！”

大家茅塞顿开。是啊，为什么不能换一种思维呢！

无论在生活中还是在工作中，定期检讨自己的行进方向，及时调整不合理的工作计划，改变固有的弊病，才可以让自己立于不败之地。

1. 自我反省

人们常说："成功源于自我分析""失败是成功之母""检讨是成功之父"。都是在说明一个问题，那就是自我反省与成功之间有着紧密的联系。

人非圣贤，孰能无过，一个人可以犯错误，但不能同样的错误犯两次，如果一个人在做事中充满着错误，那么他的结果就无法正确。犯错不可怕，可怕的是不知错在哪里。

一个成功的人往往是一个自我反省的人，能够自我监督的人。

下面，向你介绍一下有用的术语：为了达到目标，计划中应该包括一把"成功量尺"。虽然有的人不喜欢让测量用的棍棒来指导行动，但是成功的人都强调，丈量是必要的。这种丈量其实是对自己进行的评价。

毫无疑问，个人事业的发展是阶段性的，在每一个不同的阶段，个人努力的方式、方法都会有所不同，取得的成绩、获得的进步也有大小、缓急的差别。此时，你必须对自己的发展情况进行丈量即评价。

比如说，你这一阶段事业发展的大致方向正确吗？这一种生产经营模式是否适合你的事业？还有更好的吗？这一阶段的发展情况怎样，与前一阶段发展情况相比是减缓、一致，还是加快了？其原因何在？诸如此类的自我反省、自我设问。

通过对这一系列问题的反省和研讨，我们能够对个人事业的发展情况有一个全面的、整体的了解。对这些成绩或问题的剖析，可以使我们获得有益的经验和改进的方法，从而使自己在发展个人事业的征程上走得更加坚定和充实。

自我反省的巨大的作用还在于对发展事业的自我督促上。

比如说，你在这一个发展阶段上获得了成功的经验，取得了很大的进步，你就会在自我检讨中得出结论，受到启发，督促并警惕自己戒骄戒躁，发挥优势、长处以取得更大的成绩。而如果你在这一阶段的发展情况不很理想，那你就会吸取经验教训，总结失败原因，并思考解决的办法，督促并鞭策自己走好下一步。

卡耐基先生曾经访问了一位名叫罗比的人。

罗比与四名助手经营一家店铺，他凭着对每周收入情况的研究，来评估店铺的整个经营成绩。但是，他另外还决定改善与顾客的关系，只是一时不知道怎么评估这个目标。他说："当时觉得非常为难，如何才能测量工作人员的礼节态度是否进步了呢？"经过一番思考，罗比决定每个月抽样访问20名顾客，请他们对店内的服务质量做出等级评分。

他发现："以图表显示每个月的调查情况很有用，店内全体员工都很看重这件事，结果我们这个月的收入便提高了21%。"

如果罗比没有自省，他就不可能有这样的结果。事业的目标也要能够进行丈量。人们需要自己建立成功的标准并寻找途径监督自己的进步，否则就没有俯瞰整体、全面的观点。把目标限定在一段时间范围内完成是非常有用的，有了起始日和截止日，就像即将面临绞刑，往往足以使人集中精力和心神，认认真真地去完成一件事。

2. 及时修正自己行进的计划

人生的旅程是一个不断变幻的景观，向前跨进，你就会看到不同的景观，再上前去又是另一番景象。因此，我们要顺利地达到自己的目的，就必须随时地检视自己的选择是否有偏差，合理地调整目标，适应变化。

富兰克林认为，坏的计划比没有计划更糟糕。这句话包含两层意思：首先，实施这个计划，必会导致我们有所改变；其次，我们必须具备调适能力，能够随时修正、改进这个计划。

我们着手做事，不论对错，都会得到反馈。而这些反馈的信息，大多是我们追求成功最初阶段时所无法获得的资讯，必须实际行动之后才产生的新资讯。这些资讯不仅充实我们既有的计划，而且还为我们调整目标提供了参考的依据。

辩证主义学者认为，世界万事万物都是在不断变化着的，一个人如果仅仅执着于过去的理念或目标，就会产生适应性上的困难。例如，一个制造电器用品的公司，在连续几年之中，该公司特别投注心力在某一个特殊产品的领域上，直到公司成为该产业的独占者为止。当该公司所生产的特殊产品不再为消费者所需求时，即是该公司应该结束的时候了！

这个情形就是，该公司将一个非永久需求的产品带进了一个有限的市场，整个企业的成与败都依赖这一产品。

因此，我们千万不能将自己的目的局限在某一个可能随时会结束的方向上！我们应该选择一个方向，能够包容改变，并由改变中吸取经验，获得利益。而不是让你其他附属的或次要的目标，影响或改变了最终的人生目标。它们存在只是为了帮助你早日达成人生目标，不是来改变你人生的方向。

在你人生的旅途中，附属次要目标在一段时间之后可能会扩展或甚至改变了方向，也可能创造出新的目标或去掉一些目标，但最终的目的只有一个：那就是要达成最终的人生目标。因为这个缘故，在人生道路前进时，要有调整方向的弹性。约瑟夫·基尔施纳德认为，“预期发生预料之外的事”是绝佳的人生格言。

正如前文所言，我们所生存的世界既复杂又动态，不断会有变化，因此，我们必须随时准备面对出乎意料的情况——这些情况会引我们走向未曾计划之处。我们必须知道，通往成功的道路往往迂回曲折，一定要预先做好准备。

从出发点 A 到终点 Z 不太可能是完全笔直的线，我们时而偏左，时而偏右。如目标定得足够清楚明确，在进行的过程中，可根据实际情况，将这一切迂回曲折，统统纳入到我们的计划中。

假如内心有明晰的前景蓝图，信心坚强、计划周全，具备随时调节的灵活弹性，便能对人生路上的一切状况应付自如。前景蓝图和信心两者同样重要，一个人对自己期待获得的事物，或正要前往的方向欠缺明晰的蓝图，容易把事情变得既复杂又困难，迂回曲折，走许多冤枉路。

近代史上，有一群人特别成功，那就是第二次世界大战中，曾被囚禁于纳粹集中营而幸存的人。

赫姆瑞可博士在一本著作中，拿这群人和战前即迁居美国的同龄犹太人做比较，结果发现，平均而言，这批幸存者的教育程度较低，但日后的事业成就较大，收入较高，较热心从事社会服务工作。

赫姆瑞可探究原因，发现这些历经苦难折磨，却颇有成就

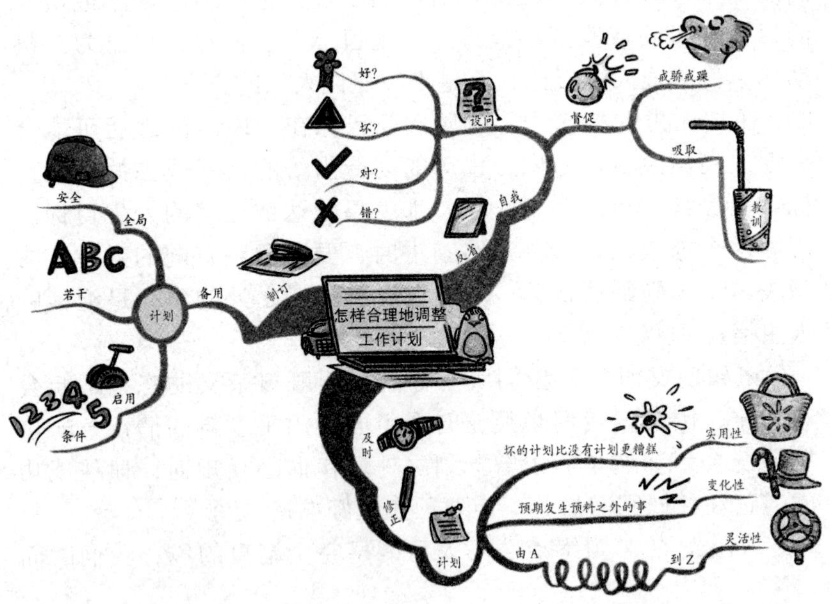

的人，具有若干共同特质，其中最重要的两点是：随时准备主动展开新任务，且能针对环境变化，随时进行调整与调适。

查斯特·菲尔德爵士认为在制定目标的时候一定要保持一定的灵活性，以备我们在执行过程中不断地修正与调整。

你将发现，如果你立下的目标更加灵活，那么一些美妙的事情就开始发生，你会觉得更放松，但你不会损失任何生产力。你甚至可能会更加多产，因为你不必花费太多的精力在焦虑和烦恼上。

3. 学会制订备用计划

当环境因素的变化对计划的影响，不是表现为简单的数量或进度的变动，而是涉及大政方针的变动，即根本改变了原定的计划。这时的问题就不是对计划进行修改调整，而是要重新编制计划。

为了使计划工作在偶然事件发生时仍具有改变航道的灵活性，可以制订备用计划。所谓备用计划，就是编制计划时根据应变需要预先准备若干计划方案备用，并说明各备用计划的启用条件。当环境因素发生变化时，先对变化做出评价，然后决定是否需要启用备用计划，启用哪一备用计划。

追求高效能，而非高效率

美国零售业大王彭尼说过，不论他出多少钱的薪水，都不可能找到一个具有两种能力的人。这两种能力是：第一，能思想；第二，能按事情的重要程度来做事。因此，工作中的我们，如果不能做出正确的选择，那么唯一正确的事情就是停止手头上的事情，直到发现正确的事情为止。

做事不仅要讲方法，更要注意方向。只有方法和方向都正确，才能确保有一个好的结果。如果只注重方法而不重视方向，其结果可能是方法越正确，结果就错得越离谱。

尽管如此，在现实生活中，无论是企业商业行为，还是个人工作方法，人们关注的重点往往都在于前者：效率和正确做事。

博恩·崔西认为，工作中第一重要的却是效能而非效率，是做正确的事而非正确地做事。“正确地做事”强调的是效率，其结果是让我们更快地朝目标迈进；“做正确的事”强调的则是效能，其结果是确保我们的工作是在坚定地朝着自己的目标迈进。

换句话说，效率重视的是做一件工作的最好方法，效能则重视时间的最佳利用——这包括做或是不做某一项工作。

“正确地做事”是以“做正确的事”为前提的，如果没有这样的前提，“正确地做事”将失去目的性，变得毫无意义。

首先要做正确的事，然后才存在正确地做事。正确做事，更要做正确的事，这不仅是一个重要的工作方法，更是一种很重要的工作理念。任何时候，对于任何人或者组织而言，“做正确的事”都远比“正确地做事”重要。

只知道正确地做事就是一味地例行公事，而不顾及目标能否实现，是一种被动的、机械的工作方式。

工作只对上司负责，对流程负责，领导叫干啥就干啥，一味服从，铁板一块，是制度的奴隶，是一种被动的工作状态。在这种状态下工作的人往往没有目的性，患得患失，不求有功，但求无过，做一天和尚撞一天钟，混着过日子。

而做正确的事不仅注重程序，更注重目标，是一种主动的、目的性强的工作方式。工作对目标负责，做事有主见，善于创造性地开展工作。这种人积极主动，在工作中能紧紧围绕公司的目标，为实现公司的目标而发挥人的能动性，在制度允许的范围内，努力促成目标的实现。

这两种工作方式的根本区别是：只对过程负责，还是既对过程负责又对结果负责；是等待工作，还是主动地工作。同样的时间，这两种不同的工作方式产生的区别是巨大的。

有时候，上司在分配任务的时候，并没有对人员做到最佳的配置，没有把你安排到合适的位置上，这时，你就要主动与上级沟通，要求自己做更合适的事，这样才能够做到正确地做事和做正确的事。

安妮是微软公司的一名销售主管，她不仅是一个勤奋努力的员工，同时也是一个有主见，识大局，能够主动去做正确的事的员工。

有一次，安妮被公司派去参加一个销售专题讨论会，她很清楚自己的专长，特别是转型人才和国际化市场动态等问题，她计划在会上与业内精英做一个很好的交流并使自己有所提高。

但是，第一天她就遇到了麻烦，公司额外要求她来协调与会者的傍晚活动，这样可以更深层次地履行公司作为东道主的职责。本来为这次讨论会的成功做出贡献也是安妮的心愿，这也符合她的价值观和原则，她越思考越觉得这是她应当做的。

于是，她接受了，但她发现自己处于巨大的压力和忧虑之中，来回奔忙，试图满足每个人的要求，但由于抽不出时间来做原来想做的事而使自己变得很沮丧。

就在这种沮丧中，她突然停下来，问自己："等一等，我为什么要去做那些自己并不擅长的事呢？我有义务去执行公司派给的任务，但我又不必去做我不擅长的事啊！再说公司并不是不明白我的长处，我向他们说明我的处境，他们应该会派一名适合做这个工作的人来接替我的，难道不是这样吗？"

她深深吸了一口气，拨通了公司的电话，将自己目前的处境跟上司做了沟通。上司立即明白了她的想法，并做出了及时的调整，派出一名专门安排各种活动的公关经理接替了安妮的工作。

在这次研讨会上，安妮独特的见解和市场眼光赢得了业界人士的普遍赞扬，也给微软公司赢得了极大的荣誉和良好的影响。

经过这次经历以后，安妮每次接受任务时都会考虑哪些事是应该做的，怎么做才能取得最好的效果。也正是这样的工作作风，使她每次都能赢得公司的表彰，多次被评为公司的优秀员工。

能够做正确的事的人，是一个做事有重点、有方向的人，那么，我们要如何才能让自己做正确的事呢？

1. 以企业利益为重

在公司中，我们应当以企业利益为重，将公司的发展目标与自己做事的目的联系起来，站在全局的高度思考问题，这样可避免重复作业，减少错误的机会。

我们在工作中，必须处理的问题包括：我现在的工作必须做出哪些改变？可否建议我，要从哪个地方开始？我应该注意哪些事情，避免影响达到目标？有哪些可用的工具与资源？

2. 找出“正确的事”

工作的过程就是解决一个个问题的过程。有时候，一个问题会摆到你的办公桌上让你去解决。问题本身已经相当清楚，解决问题的办法也很清楚。

但是，不管你要冲向哪个方向，想先从哪个地方下手，正确的工作方法只能是：在此之前，请你确保自己正在解决的是正确的问题——很有可能，它并不是先前交给你的那个问题。搞清楚交给你的问题是不是真正的问题，唯一的办法就是更深入地挖掘和收集事实，问问题，多看，多听，多想，一般用不了多久，你就能搞清楚自己走的方向到底对不对。

3. 对目标负责

做正确的事要求我们对目标负责，要有高度的责任感，自觉地把自己的工作和公司的目标结合起来，对公司负责，也对自己负责；然后，发挥自己的主动性、能动性，去推进公司发展目标的实现。

4. 学会说“不”

一个人要做正确的事，就应当学会说“不”，不能让额外的要求扰乱自己的工作进度。对于许多人来说，拒绝别人的要求似乎是一件难上加难的事情。

拒绝的技巧是非常重要的职场沟通能力。在你决定该不该答应对方的要求时，应该先问问自己“我想要做什么”或是“不想要做什么”“什么对我才是最好的”。

在做决定时我们必须考虑，如果答应了对方的要求是否会影响既有的工作进度，而且会因为我们的拖延而影响到其他人？而如果答应了，是否真的可以达到对方要求的目标？

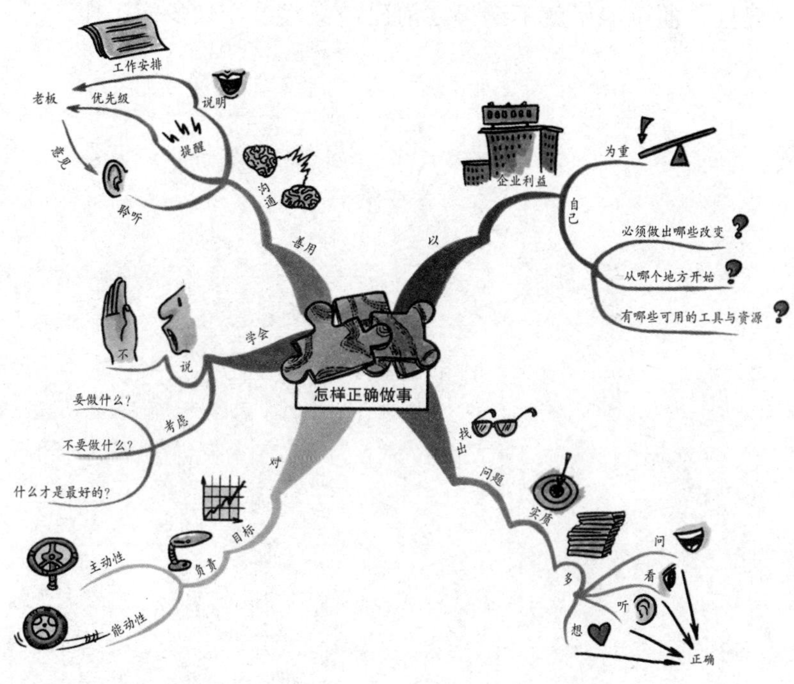

5. 善用沟通的力量

沟通在提高工作效率中有着十分重要的作用，例如，你在工作中可能会出现“手边的工作都已经做不完了，又丢给我一堆工作，实在是没道理”这样的抱怨，这时候，如果你保持沉默，很可能会给老板留下办事不力的印象。

所以，如果你工作中出现了这种情况，你切不可保持沉默，而应该主动沟通，清楚地向老板说明你的工作安排，主动提醒老板安排事情的优先级，并认真聆听老板的意见，这样可大幅减轻你的工作负担。

老板是需要被提醒的，在工作中，我们应该时刻提醒自己，与老板的沟通是否充分，我们有没有适当地反映真实情况？如果我们不说出来，老板就会以为我们有时间做这么多的事情。况且，他可能早就不记得之前已经交代给你太多的工作。

第三章

团队发展

重视团队的力量

一滴水只有融入大海才能生存，才能掀起滔天巨浪。同样，一个人也只有融入团队才能生存成长。放眼一流的工作团队，它们之所以会出类拔萃，无非是它们的成员能抛开自我，彼此高度信赖，一致为整体的目标付出心力的结果。

看过德国足球队比赛的人应该都注意到了，这个被称为“日耳曼战车”的球队，频频在世界级的比赛中问鼎冠军，可整个球队却难以找出一个技术超群的个人球星。

一位世界著名的教练说：“在所有的队伍当中，德国队是出错最少的，或者说，他们从来不会因为个人而出差错。从单个的球员看，他们是不完美的，德国队是脆弱的。可是他们11个人就好像是由一个大脑控制的，在足球场上，不是11个人在踢足球，而是一个巨人在踢，对对手而言那是非常可怕的。”

全队拧成一根绳，发挥团队的最大力量——这就是德国队的秘诀！

企业也是如此，企业是一艘巨大的航母，每一个员工都是它不可或缺的一部分。这艘航母能否朝着企业的预定目标前进，有赖于全体员工的精诚合作。只有每一个员工的力量都保持一致，企业前进的利箭才会以无坚不摧的力量射中靶心。

井深大刚进索尼公司时，索尼还是一个只有20多人的小企业。但老板盛田昭夫却对他充满信心地说：“我知道你是一个优秀的电子技术专家，就像好钢要用在刀刃上一样，我要把你安排在最重要的岗位上——由你来全权负责新产品的研发怎么样？希望你能发挥榜样的作用，充分地调动其他人。你这一步走好了，企业也就有希望了！”

“我？我还很不成熟，虽然我很愿意担此重任，但实在怕有负重托呀！”虽然深井大对自己的能力充满信心，但是他还是知道老板压给他的担子有多重——那绝对不是靠一个人的力量能应付得来的。

“新的领域对每个人都是陌生的，关键在于你要和大家联起手来，这才是你的强势所在！把众人的智慧合起来，还能有什么困难不能战胜呢？”盛田昭夫很有信心。

井深大一下子豁然开朗：“对呀，我怎么光想自己？不是还有 20 多名员工吗？为什么不虚心地向他们求教，和他们一同奋斗呢？”

他找到市场部的同事一同探讨销路不畅的问题，他们告诉他：“磁带录音机之所以不好销，一是太笨重，一台大约 45 公斤；二是价钱太贵，每台售价 16 万日元，一般人很难接受，半年也卖不出一台。您能不能往轻便和低廉上考虑？”井深大点头称是。

然后他又找到信息部的同事了解情况。信息部的人告诉他：“目前，美国已采用晶体管生产技术，不但大大降低了成本，而且非常轻便。我们建议您在这方面下功夫。”他回答：“谢谢。我会朝着这方面努力的！”

在研制过程中，他又和生产第一线的工人团结合作，终于一同攻克了一个个难关，在 1954 年，试制成功日本最早的晶体管收音机，并成功地推向市场。索尼公司由此开始了企业发展的新纪元！

井深大深深地体会到团队的力量，从这次的成功经历中，井深大更加明白了一个道理：没有完美的个人，只有完美的团队。

当你成为团队中的一员时，“我”就变成了“我们”。你必须舍弃部分的自我，整个团队才有茁壮成长的可能。

在团队中，除了要让每个人都有自我成长、完成任务的机会之外，也要让整个团体为设定的远景目标而努力。如此一来，便能达成个人和团队的“双赢”。

打造高效能组织

“剥洋葱法”是目标管理的一种重要方法。根据组织需要，利用剥洋葱法对企业目标进行分析，由长期目标到短期目标层层分解，更有利于组织顺利地达到目标。

你可能会在年底为自己定下这样一个目标：“我要在下一年中争取成为行业中最出色的业务员。”随后，你可能付出比以前更多的努力来实现自己的目标，然而，正如我们在前文中所说的，“罗马不是一天造成的”，你的目标是逐步实现的。如果你在设定“宏图大计”时，能够运用剥洋葱法将你的“宏图大计”分成一个个小目标，那么在你实现每个小目标时，你就能备受鼓励，而且你会很清楚你现在该去干些什么。

方法大意

实现目标的过程是由现在到将来，由短期目标到最终目标，一步步前进的；但是设定目标的最高效的方法则是与实现目标的过程正好相反，运用“剥洋葱法”，由将来到现在，由长期目标到短期目标层层分解。

目标树

目标树是现代管理学中的一个重要方面。“剥洋葱法”告诉了我们进行目标分解的方向，而目标树则为我们进行目标分析提供了具体的路径。

（1）目标多杈树示意图：

树干代表目标；

每一根树杈代表由最终目的分解生成的大目标；

叶子代表实现大目标需要关注的因素或者子目标。

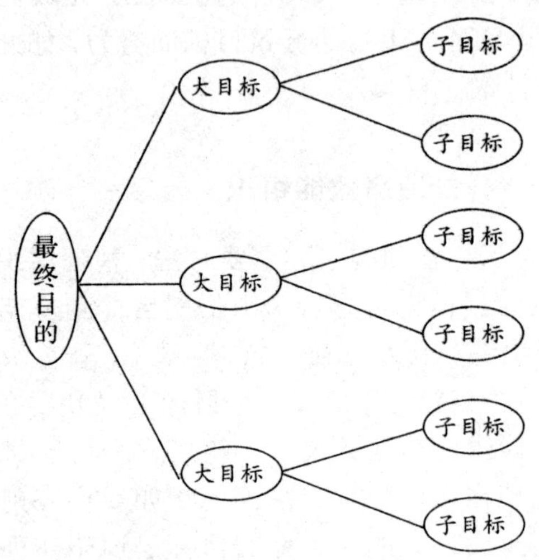

（2）在目标树中，大目标与子目标的关系：

子目标是实现大目标的策略；

大目标是子目标的结果；

子目标实现之“和”一定是大目标的实现。大目标实现之“和”则是最终目的的实现。

（3）如何描绘你的目标树：

首先，写下你的大目标和最终目的；然后思考实现最终目的有哪些策略，列出可能的策略并添加到目标树上的各级目标框内。其实，这些子目标是实现大目标和最终目的的步骤，在达到最终目的之前，首先是大目标和子目标的达到。接下来，再考虑完成每个大目标的因素，这些因素就是多杈树的叶子。这样，你的目标很快就被描绘成一棵“枝繁叶茂”的大树了。同时，你的目的分析任务也就顺利完成了。

例如，你的最终目的是在今年的 9 月 30 日为公司赢得销售额 10 万元。

那么你的目标树如下图：

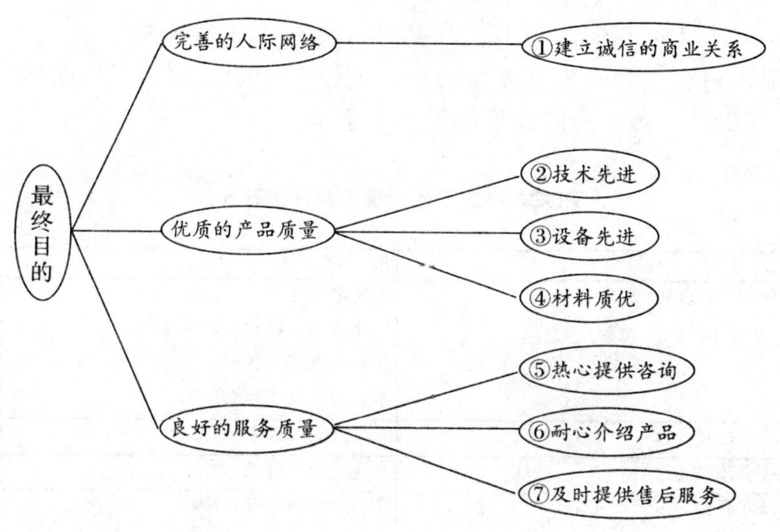

高效质量管理法

PDCA 循环法是一套高效质量管理法。将质量管理过程分为四个依序衔接的工作阶段：计划、执行、检查、修正再执行。严格遵循这一循环法，可以有效地提高质量管理效能和个人工作效能。

PDCA 循环法是在西方十分流行的一种行之有效的科学管理程序。这四个英文字母，分别代表计划（Plan）、执行（Do）、检查（Check）、修正再执行（Action）。PDCA 是一个科学的程序运作，在西方最早是由美国质量专家戴明博士倡导的。他是针对质量管理所提出的一个科学的程序运作。发达国家质量管理的实践证明：PDCA 循环法是一个行之有效的科学管理程序。PDCA 循环不仅是一种高效的质量管理方法，而且对于我们提高个人目的性和工作效能有很强的促进作用。

戴明博士把质量管理全过程分为四个依序衔接的工作阶段，即计划阶段、执行阶段、检查阶段和修正再执行阶段。这四个阶段是一个首尾相接的循环过程。

其实这并不是一门高深的学问，只要我们能解决一个“细”字，将这四个阶段又细分为八个便于操作的步骤，当你运用起“PDCA”循环法时就能够得心应手了。

PDCA 循环工作步骤表阶段步骤计划

阶 段	步 骤
计划阶段（P）	①设定目标 ②搜索与目标相关的信息 ③找出最佳方案 ④制定计划工作表
执行阶段（D）	⑤按计划工作表执行工作
检查阶段（C）	⑥检查执行情况
修正再执行阶段（A）	⑦对检查结果做出修正 ⑧修正后再执行

例如有一天，经理分配给你一项任务：让你对某区冷饮市场进行一项市场调查，并拟订一份市场调研报告。这本是让你大展身手的机会，但你却苦于不知从何着手而毫无头绪。为什么要进行调查？怎样进行市场调查？遇到问题怎样解决？调研报告怎样写？……各种各样的问题直砸得你眼冒金星，头脑发涨。但你若运用“PDCA”循环法，则思路会变得非常清晰。

下面我们提供一种 X 区冷饮市场调查的实施方案：

1. Plan：制订一份周全的计划。

本阶段你要明确六个问题。这六个问题简称为 5W1H。

（1）为何制订此计划？（Why？）

（2）计划的目标是什么？（What？）

（3）何处执行此计划？（Where？）

（4）何时执行此计划？（When？）

（5）何人执行此计划？（Who？）

（6）如何执行此计划？（How？）

2. Do：计划好之后，着手将项目一步一步向前推进。

3. Check：在进行市场调研过程中，一定要记得检查，看项目的推进是否按原先的计划进行？当中有无纰漏和出现偏差？

4. Action：针对你的检查结果确定你的行动。

如果在市场调研过程中，发现计划偏离了原来的目的，或者发现原先的计划考虑不够周全，那你就要及时弥补、调整，以确保任务圆满完成。如果当中并无纰漏或偏差，当然是皆大欢喜，那你可以继续一如既往地进行。

日事日毕，日清日高管理法

长久以来，中国人做事都存在着很大的毛病，就是不认真，做事不到位，每天工作欠缺一点，天长日久，就成为落后的顽症。

组织需要建立一个管理机制来对付这个弊病，这套机制要承担下述功能：无论领导在或不在，企业都会持续良性地运转。OEC管理法就是这样一种机制。其中“O”代表“**Overall**”，意为“**全方位**”；“**E**”代表“**Everyone, Everything, Everyday**”，意为“**每个人，每件事，每一天**”；“**C**”代表“**Control and Clear**”，意为“**控制和清理**”，即是全方位对每人、每天、每件事进行控制和清理。其本质就是把企业核心目标量化到人，把每一个细小的目标责任落实到每一个员工的身上。用一句话来概括就是：“日事日毕，日清日高。”这是一种促使企业及每个员工、每项工作都能走上自我约束、自我发展、良性循环轨道的精细化管理方法。

其核心内容可以概括为5句话：总账不漏项，事事有人管，人人都管事，管事凭效果，管人凭考核。

总账不漏项是指把企业内所有事物按事务与物品归为两类，建立总账，使企业正常运行过程中所有的事与物都能在控制网络内，确保体系完整，没有漏项。

事事有人管、人人都管事，是指将总账中所有的事与物通过层层细化，落实到各级人员，并制定各级岗位职责及每件事的工作标准。为达到实时控制的目的，每个人根据其职责建立工作台账，明确每个人的管理范围、工作内容、每项工作的工作标准、工作频次、计划进度、完成期限、考核人、价值量等。为确保其完整性，每个人的台账由其上一级主管审核后方可生效。由于每个人的工作指标明确，工作中既有压力又有相对自主权，可以更好地发挥其主观能动性及自主管理的作用，真正树立起以人为本的思想。

管事凭效果，管人凭考核，是指任何人实施OEC日清日高模式的过程中，必须依据控制台账的要求，开展本职范围内的工作。这可使每个人在相对的自由度下进行创造性的能力发挥，力求在期限内用最短的时间，完成各自标准甚至高于标准的各项工作。

OEC管理法由三个步骤构成：目标体系→日清体系→激励机制。首先是确立目标，日清是完成任务的基础工作，日清的结果必须与正负激励挂钩才有效。

OEC管理的核心就是根据不断变化的市场不断提高目标，因为市场不变的法则在于它永远在变，所以这种模式有三个原则上的要求：

（1）比较分析原则——纵向与自己的过去比，横向与同行业比，没有比较就没有发展；

（2）闭环原则——凡事要善始善终，都必须有PDCA循环原则，而且要螺旋上升；

（3）不断优化的原则——根据木桶理论，找出薄弱项并及时整改，提高全系统水平。

按照OEC的管理模式，上至总裁，下至一般员工，无论在什么岗位，都应该十分清楚自己一天工作的目标，知道自己应该干什么，干多少，按什么标准干，要达到什么效果。当天发现的问题必须当天解决，就是所谓的“日日清”原理。

如果让一些本来极易排除而未能及时处理的小问题和事故隐患积聚下来，时间长了就会成为积重难返的大问题，以致严重影响目标的实现，而如果目标得不到实现，就会产生一种麻木不仁的思想情绪，影响员工的工作热情和干劲，导致企业管理流于形式。因此，海尔在高起点上稳扎稳打的要诀便是不厌其烦地每天清理薄弱环节。

在达到企业事务“日清”的目标以后，张瑞敏清醒地认识到，只有打破平衡状态，创造新动力，才能带动企业攀上新的台阶，取得持续、稳步的增长。企业原先发展的动力最多不过是使企业在“市场的斜坡”上维持原来的高度。动力来自差距，认清差距，就明确了目标，也就产生了缩小这种差距的新动力。于是张瑞敏在“日日清”的基础上，给OEC管理法又添了一道内容：“日日高。”每天提高1%，在原有基础上或提高质量，或增加数量，或降低成本，或改进工艺，或革新工具等方面有所改进，有所提高。长期坚持下去，所获得的效果将是惊人的。

OEC日清日高管理法被誉为“海尔的管理之剑”，显示了张瑞敏对国情和中国国民性格的深刻理解，既看到中国人长久以来被压抑而形成的惰性，又看到他们身上蕴藏的无穷潜力。OEC管理法是海尔人在长期探索中形成的独具特色的企业管理模式，它经历了由无序到有序，由有序到形成体系，并且，这种管理模式仍在不断地优化、上升和提炼。

合理决策法

决策是一个发现问题、认识问题、解决问题的过程。做出决策的方式选择直接影响着决策的正确与否和效率高低。

管理大师杜拉克曾说："决策是计划工作的核心。一个人要想达到自己的目的，需要掌握的一个很重要的工具就是'合理决策'的方法。"

首先我们先来简明地了解一下什么叫决策。决策是一个为达到预期目的而从两个或多个可供选择的方案中选择合理方案的判断和选择的过程。不能简单地把决策理解为就是做出抉择，做出抉择只是决策全过程的一个关键环节。事实上，决策是一个发现问题、认识问题、解决问题的过程。只有全面理解决策的全过程，了解决策各阶段应做的工作及其相互联系，才能保证决策的有效性。

1. 正确的决策流程

完成一项决策要经过一个系统的思维过程。美国管理学家赫伯特·西蒙认为，决策程序应该包括四个步骤：找出制定决策的理由，找到可能的行动方案，在诸行动方案中进行抉择，对已进行的抉择进行评价。西蒙将这四个步骤分别称为情报活动阶段、设计活动阶段、选择活动阶段和评价活动阶段。

计划是决策流程中最关键的一个环节。即，计划阶段就是一个决策过程，能否合理决策在整个计划阶段就显得举足轻重。在计划阶段中，无论前面你设定了多么有效的目标，搜集了多么充分的信息，如果接下来你无法做出明智的抉择，你都将会是竹篮打水一场空。而且，在接下来的几个阶段中，如果决策合理，执行起来就顺利得多，效率也会提高；反之，如果决策不合理，甚至是错误的，那么执行起来就难免会碰壁，效率也会大大降低。

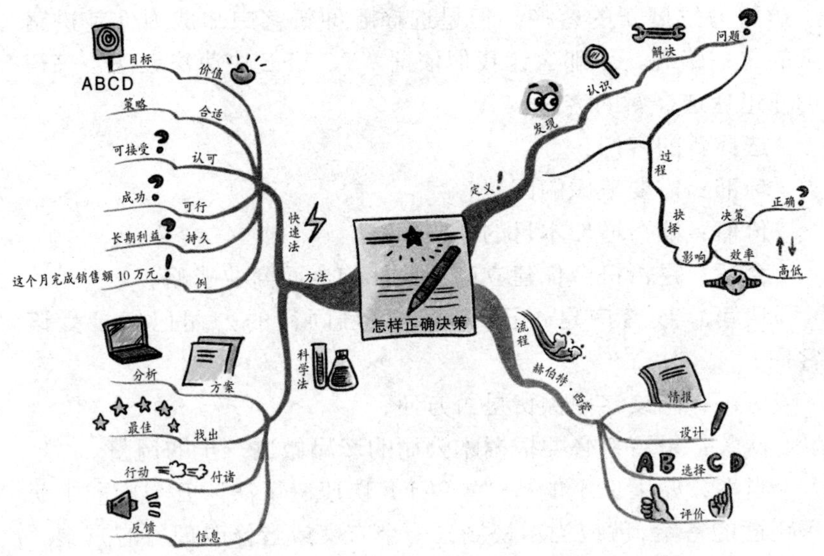

2. 正确的决策方法

知道了决策的流程之后，我们需要掌握正确的决策方法。在这里我们主要介绍“VSAFE”快速决策法和科学决策法这两种比较常见的方法。

（1）VSAFE 快速决策法。如果你必须及时、快速地做出决策，你可以采用快速决策的 VSAFE 法。为此，你要快速评估每种方案的实际效果，以及它们将怎样影响主要工作的测评标准。另外，你要考虑方案的适用性和是否容易被别人接受。最后，考察方案的可行性和长期性。

价值（Valuable）：考察方案对目标的贡献；

合适（Suitable）：考察方案是否与策略吻合；

认可（Acceptable）：考察方案是否确实可接受；

可行（Feasible）：考察方案是否成功；

持久（Eternal）：考察方案是否符合长期利益。

例如，这个月，老总给你下达一道命令：让你这个月完成销售额 10 万元。收到这条指令后，你一边拼命与旧客户联系订单，一边努力发展新的客户。但是选择哪种新客户却成为你前进路上的“拦路虎”。那么让我们依据“VSAFE快速决策法”来帮助你迅速选择新的客户。

选择新的客户：

标准：需要考虑的因素；

价值：能否增加本月的销售额；

合适：是否符合你建立商业伙伴的全面商业战略；

认可：该客户是否已经被认可且同行的公司已经接受该客户；

可行：向该客户供货是否方便；

持久：是否有必要根据本公司的产品做进一步的调整。

当然，如果你不能从“VSAFE快速决策法”五个标准中获得正面的答案，就应当尽快制订一个方案或者修改现行的方案。

（2）科学决策法。所谓科学决策法，就是指通过对存在决策问题的分析选择最佳方案，将之化为行动，以取得高效益或最低风险的结果的一个过程。

科学决策法主要有下面4个实验阶段：对各种备选方案分析、找出最佳决策方案、将该决策付诸行动、信息反馈。

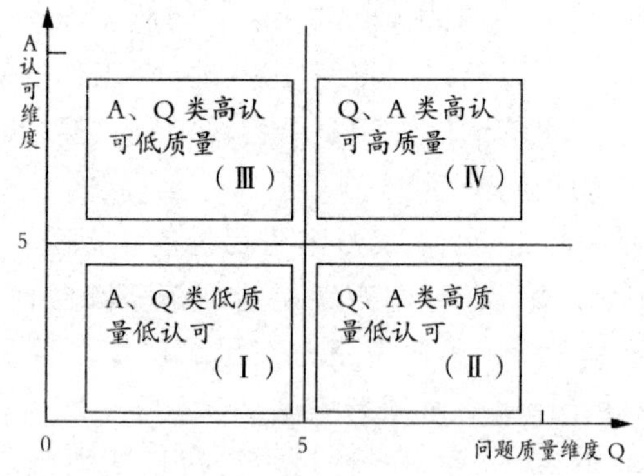

注：Q因素（Quality），问题质量维度；A因素（Acceptant），认可维度。

对于这一问题，可用决策问题四分图加以解决。如下图：

根据这个图，我们进行分析：

①对于象限Ⅰ类的问题，意味着这类问题与个人、工作群体利益关系不大，即质量维度与认可维度都很低。对此类问题，根本不必讨论，随机决定即可。

②对象限Ⅱ类的问题，意味着这类问题与工作群体的利益有紧密联系，但是与个人利益没有直接联系。此时，必须与有关专家共同决定做出决策。

③对象限Ⅲ类的问题，意味着这类问题与工作群体的利益、前途、发展方向都没有什么联系，但是与个人利益密切相关。对于此类问题，应与利益相关主体协商解决。

④对象限Ⅳ类的问题，意味着这类问题既与工作群体的发

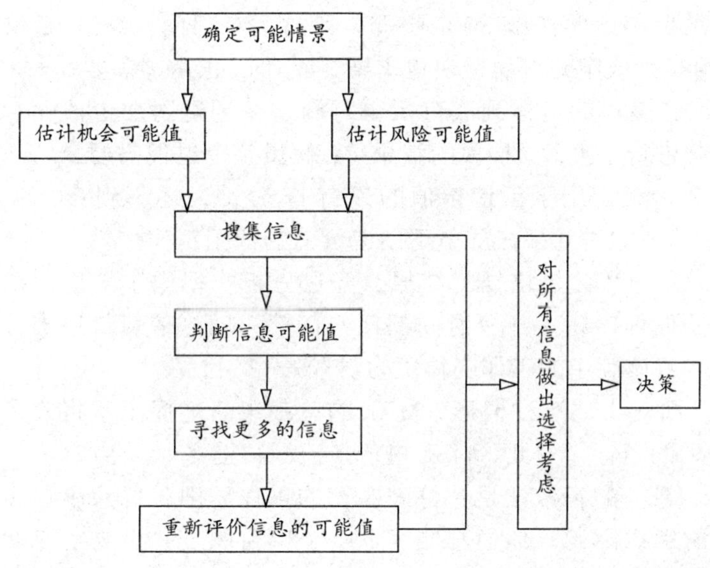

展方向、经济利益紧密，又与个人的利益直接有关，则需要与所有人员共同讨论决定。

科学决策法流程如图。

提升团队执行力

执行是实现目标的过程与行动，执行力是执行的力度与能力，执行中采用什么样的方法，对工作力度与工作能力的发挥影响极大，方法恰当，可以达到事半功倍的效果，方法不对，就会事倍功半，影响和制约执行力的发挥。

实践证明，有些工作和任务不能高效地执行，很大程度是执行的流程不合理所造成的。因此，要从根本上解决执行的问题，就需要从组织流程上下功夫，再造合理的落实流程。

MBL 是美国第十八大人寿保险公司。该公司的保单申请程序在重建之前，非常烦琐复杂。从顾客填写保单开始，到最终开具保单，要实施 30 个步骤，跨越 5 个部门，经过 19 位员工之手。完成申请过程最快也需要 24 小时，正常则需要 5 ~ 25 天。

这漫长的过程到底有多少时间是在创造附加价值呢？有人对此进行了推算。推算的结果是：假设整个过程需要 22 天的话，那么，真正用于创造价值的只有 17 分钟，还不到 0.05%，而 99.95%的时间都在从事不创造价值的无用工作。

为什么会是这样的结果，经过分析，得出了结论：是僵化的处理程序将大部分时间都耗费在部门间的信息传递上，从而使本应该简单的工作变得更为复杂。

面对上述这种情形，MBL 的总裁果断地提出了将效率提高 60%的目标。为此，MBL 进行了流程再造。

MBL 的新做法是：打破原有的工作界限，拆除影响高速落实的组织障碍。他们削减了 100 个原有职位，设立了专案经理这样一个新职位。

专案经理不仅对保单申请的全部过程负责，而且拥有全部的权力，即专案经理对整个申请保单的流程具有全部的决策权和处理权。

这种专案经理处理整个流程的做法，不仅大大压缩了线形序列的工作，而且还消除了中间管理层，使得工作效率大幅度提高：处理一份保单只需要 4 个小时，即使是较复杂的任务也只需要 2 ~ 5 天就能完成。

没有流程化的组织，日常中很多工作是依靠一级一级领导的推动来完成的，一项工作如果没有领导过问，就没有人处理，也没有人承担责任。一个良性的、有执行力的组织，必须从“靠领导推动”转向“靠流程推动”，简化工作决策与执行的环节。

比如，一个员工，凭自己的经验去做事，他可能会做得很快，但有可能会做错，效率虽很高，但有效性等于零。流程化以后就不一样了，他可以按照规定的程序做，就不会出差错。通常情况下，在组织发展速度比较快的时期，没有人会在意流程的存在或者是否有价值，当组织进入到稳定地持续发展的时候，问题就暴露出来了。

各个环节、各个方面的不协调，会严重影响组织的发展。合理的流程可以减少组织对人的依赖，即使出现人员的大规模流动，也不会给组织带来危机。由于提倡简单管理，现实中有的管理者在授权下属贯彻其决策意图时，不把原则、框架和资源条件讲清楚，而是说：“这件事就交给你办了，至于怎么办，你自己拿主意，我只管结果，不问过程。”

下属不明所以，只好凭悟性揣摩着干，结果自然执行不好，即使个别悟性极高者执行好了，那也是偶然。这时通过流程固化组织以往经验就可以很好地指引员工工作，用不着多费口舌。

流程的产生过程很重要，但它的落实更重要。有了流程而不落实就等于没有流程。执行新的流程往往会比较痛苦，因为要改变员工原有的工作习惯，要求他们做很多以前并不需要做或需要如此做的工作。

所以，很多人认为流程把高效变成了复杂，把灵活变成了僵化，甚至认为流程就是官僚主义的变形。其实，表面上看制定流程使工作的步骤增加了、固化了，但却提高了正确率，确保了秩序性。

有的组织中员工会以“简单管理”为武器对流程化进行发难，在他们看来，每周都要编制计划，每天都要填写当日工作报表，太麻烦了！严重影响了工作效率！这是员工的抱怨，是对流程化的不适应，也是员工对组织变革的消极反应。这种情况需要一定的时间磨合。

需要明白的是，“简单管理”绝不是粗糙管理，更不是不管理。“简单管理”是“找出规律”的管理，而规律不一定是减少行为投入就可以换来的，为找出规律，前期的基础管理可能很复杂、很琐细，但这是符合事物发展规律的。所以，绝不能因为员工不适应、不支持就放弃。流程化是十分必要的，必须坚持、坚持、再坚持。

团队有效沟通的方法

金鱼缸是玻璃做的，透明度很高，不论从哪个角度观察，里面的情况一清二楚。金鱼缸的最大特点在于它的透明，无论观察者从内部还是外部观察，所有情况都可以一览无余，这对企业的组织沟通管理有一定的启示。

许多优秀企业为了增强成员之间的沟通，都在努力采取透明化管理。这一方法借鉴的是金鱼缸。金鱼缸是玻璃做的，非常的透明，我们不论从哪个角度去观察，里面的情况都一清二楚。

实行透明化管理，建立人人都能看得到的管理要比监督约束更高明，也更容易为人们所接受。所以，领导者要根据金鱼缸的启示，建立一个透明化的组织，打破组织部门障碍以及各层人员之间的隔阂，使组织上下可以实现有效沟通。

惠普是一家透明化管理施行效果很不错的企业，他们管理上的一个特点就是流动性办公。

在惠普（中国）公司有这样一种现象，企业办公桌的数量永远比员工的数量要少，企业鼓励员工带着便携电脑在办公室以外的其他地方比如家中办公。

而且，由于办公桌总是比员工人数少，所以办公桌总是处于被公用的状态，并非归个人独自专用。

所以，实际上员工的办公地点并非固定，员工总是处于流动性的办公状态之中。从某种意义上来说，这也属于一种开放式办公的方法，流动办公使办公桌成为一种开放性的（共用）东西，每个人都可以接近和使用，这样就拉近了使用者之间的距离。

这种管理办法的实行，除了对惠普直接产生高效、节能的功用之外，对公司实现组织透明化也提供了很大的帮助。

比如，惠普提倡成员与成员之间的坦诚相见，提倡“沟通”。由于员工的办公地点并非固定，因此他办公的邻居也是不固定的，今天他的邻居是 A 部门的，明天也许就是 B 部门的。这种状态使得成员之间的沟通变得十分有意义。

换言之，成员之间面对面的沟通不再局限于本部门，即便是与公司管理层的沟通也不再是困难的事情。这样减少了各部门员工之间信息不对称的现象，更有利于组织透明化的实现。

福特公司也是一家十分重视组织沟通的企业，他们把培养现代汽车人当作每一位员工的角色定位，希望借此激发员工的工作热情，提高工作的主动性。

为此，福特公司在内部专门成立一个“员工参与计划”，并由公司的高层领导一起参与监督。在这个计划的影响下，员工投入感、合作性不断提高，福特现在一辆车的生产成本减少了 195 美元，大大缩短了与日本的差距，而这一切的改变就在于员工实现了自我的角色认知，公司上下能够相互沟通，内部管理层和员工改变了过去相互敌对的态度。

领导者关心员工，也因此引发了员工对企业的“知遇之恩”，从而努力工作促进企业的发展。

福特公司的“员工参与计划”是以尊重每个人为前提的，尊重每一位员工的宗旨贯穿于福特公司管理企业的活动，同时也贯穿于企业领导的思想，因为生产率的提高，不在于什么奥秘，而纯粹在于人们的忠诚，他们经过成效卓著的训练而产生的献身精神（一种甘于奉献的角色认知），以及由此激发的他们个人对公司成就的认同感。

人是一个企业最宝贵的资源，对人尊重使工作成为一种新型的具有人情味的活动，使员工意识到自己正处于企业领导的一种热爱和关注之中，他们必然会加倍投入地工作。

让企业的每一个成员都更深刻地体会到自己也是企业这个大家庭中的一员，并身体力行地做一回管理者，有助于他们完成自身的角色认知，可以充分调动他们的积极性和主动性，进而提高组织的整体率。

科学时间统筹法

一段时间是否只能做一件事情？答案是否定的。对于懂得科学统筹时间的人来说，他们知道如何运用“双管齐下”的方法，在一个时间段可以做两件甚至三件事情，而且很高效。

工作中的每一个环节都会占用时间，要想高效地完成自己的任务，需要合理统筹，安排好工作中的每一个环节。“双管齐下”法是国内一家著名的管理资讯研发中心研究的一种时间统筹方法，它可以帮助你做好工作中各个环节之间的统筹，快速提高你的工作效率。

工作中有很多因缺乏统筹而造成效率低下的例子，比如复印文件就是一个很典型的例子。

今天，你有一大沓文件要复印，粗略预计大概需要一小时。

实际上需要你真正动手操作的时间有多少呢？现在科技的飞跃发展，机器的先进程度早已不像古老的机器般需要我们自始至终守候，其实真正需要动手的时间不需要一小时，大概只有最初及最后，合计起来不过10分钟而已。

而其他的50分钟，你是不是什么事情也不干，只是眼睛瞪得大大的，一味望着复印机发呆？而时间就是这样悄无声息地流逝了，你就白白将这宝贵的50分钟给浪费了。一天有多少个50分钟？你的人生有多少个50分钟可以让你挥洒？其实，你只要留心一下，就可以让这一段空当时间得到利用。你可以在这50分钟内看看文件，搜集、整理一下资料，或者打打电话联系有关的客户。

也许你会觉得，节约时间到如此挖空心思的地步实在太累人了。但是比起白白浪费时间，无法在上班时间内做完工作，你觉得哪个划算点呢？其实为了提高日常工作的效率，统筹安排多项工作并进是很重要的。

国内外的成功人士在利用和支配时间上常常运用“双管齐下”法，巨大成就的产生往往缘于灵活运用有限的时间。因此，不妨在工作中学会使用“双管齐下”法，合理地安排好自己的每一项工作。

林和忆起自己的中学生活，他认为当时的课业安排就是一个统筹策略的好例子。关于林和的“双管齐下”法，这里有一个很好的实例。他曾在国内一家知名的中学就读，这所学校素以音乐闻名，每年全国高中音乐比赛都名列前三名。高中三年里，喜爱音乐的他也一直是混声合唱团的成员之一。

合唱团练习的时间是每天下午3点到6点，天天如此，即使到了高三，高考迫在眉睫的时候也没有间断过，每到全国合唱比赛之前辛苦练唱到晚上7点的情形，林和至今仍然记忆犹新。

大家可能会有疑问，这样练习不会耽误功课吗？然而在合唱团指导老师独特训练法的引导下，参加合唱团的学生的成绩并没有因此而下滑。因为在每次训练前，指导老师都会提醒他们在练唱时务必记得把功课带过来。

由于是混声合唱，所以练唱有一起合音的时候，也有部分练习的时候。合唱分三部，所以其中唱一部的同学练习时，唱其他两部的同学就可以休息，他们就利用休息的时间看书、做功课。

在这个时间段内，既可以写作业，也可以准备考试。如果连续练唱 3 小时的话，嗓子一定会哑，所以间断地休息是非常合理的。就算是读书 3 小时，其间也是需要休息的，因为人的精力有限，完全不休息的话，效果肯定会打折扣。

因此，在同一时间内，让音乐与读书并进，一点儿痛苦也没有。甚至，就读书的立场而言，音乐还可调节心情。这样的读书效果，比起 3 小时死钉在书桌前念书的效果，丝毫不逊色。

也许最好的合唱练习法是当某一部在练唱时其他几部也应该专心听才对，但至少就效果而言，音乐与读书并进术的成功，是绝对可以确认的。

如果不把功课带到练习场所，高三的同学恐怕都会因为担心功课而坐立不安，无法进入状态进行练习。而指导老师的安排却使同学们能两者兼顾。从当时的经验里，可以深深体会到同时处理一件以上的事情，也就是“双管齐下”法的可行性与重要性。

例如，有一天，部门主管让你起草一份报告，并要求你一天时间内完成。其中查阅资料需要 2 小时；找 3 个人了解情况共需 2 小时，事前各需准备 1 小时；找两个人统计数据各需 3 小时；草拟报告需 4 小时左右。接到这项任务后，你不停埋怨：2+2+1+1+3+3+4=16（小时），而一天的工作时间才 8 小时。

怎么可能做得完？主管不是不会运算，就是故意为难你。

其实你的想法错了，你上司的用意就是想考考你，看你的工作效率是否高。如果你是一名善于利用“双管齐下法”统筹安排工作的人，达到目的就不是难事。

最合适的操作方法是：

（1）上班后通知有关人统计数据，同时通知要向其了解情况的人做好准备；

（2）用两小时查阅资料；

（3）找被访者了解情况；

（4）中午之前将上报的统计数据进行审查，若发现缺漏，再行补充；

（5）利用下午时间草拟报告。

具体安排如下图所示：

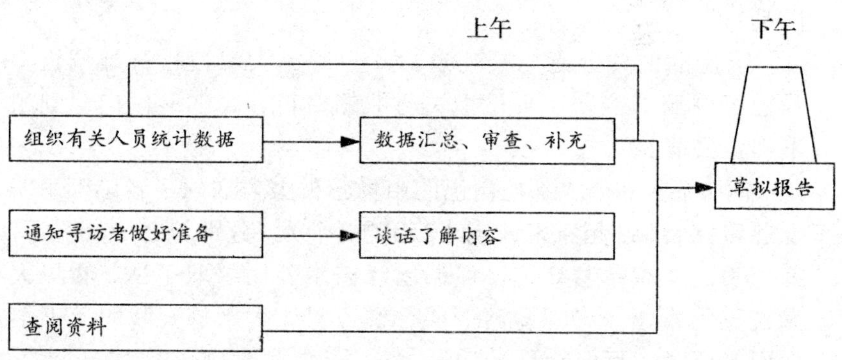

团队精神是成功的加速器

通用电气公司前CEO杰克·韦尔奇曾说：“在一个公司或一个办公室里，几乎没有一件工作是个人能独立完成的。大多数人只是在高度分工中担任部分工作，只有依靠部门中全体员工的互相合作，互补不足，工作才能顺利进行，才能成就一番事业。”

由此可见，具有团队精神的员工，走到哪里都会成为老板青睐的对象。

一家高科技公司招聘高层管理人员，9 名优秀应聘者经过初试，脱颖而出，闯进了由公司老总亲自把关的复试。

老总看过这 9 个人详细的资料和初试成绩后，相当满意。而且，此次招聘只能录用 3 个人，所以，老总给大家出了最后一道题。

老总把这 9 个人随机分成 A、B、C 三组，指定 A 组的 3 个人去调查本市婴儿用品市场，B 组的 3 个人调查妇女用品市场，C 组的 3 个人调查老年人用品市场。

老总解释说："我们录取的人是用来开发市场的，所以，你们必须对市场有敏锐的观察力。让大家调查这些行业，是想看看大家对一个新行业的适应能力。每个小组的成员务必全力以赴！"

临走的时候，老总补充道："为避免大家盲目开展调查，我已经叫秘书准备了一份相关行业的资料，走的时候自己到秘书那里去取！"

两天后，9 个人都把自己的市场分析报告送到了老总那里。老总看完后，站起身来，走向C组的3个人，分别与之一一握手，并祝贺道："恭喜 3 位，你们已经被本公司录取了！"看见大家疑惑的表情，老总呵呵一笑，说："请大家打开我叫秘书给你们的资料，互相看看。"

原来，每个人得到的资料都不一样，A 组的 3 个人得到的分别是本市婴儿用品市场过去、现在和将来的分析，其他两组的也类似。

老总说："C 组的 3 个人很聪明，互相借用了对方的资料，补全了自己的分析报告。而 A、B 两组的六个人却分别行事，抛开队友，自己做自己的。我出这样一个题目，其实最主要的目的，是想看看大家的团队合作意识。A、B 两组失败的原因在于，他们没有合作精神，忽视了队友的存在！要知道，团队合作精神才是现代企业成功的保障！"

一个团队中，如果没有其他人的协助与合作，任何人都无法取得持久性的成就。当两个或两个以上的人在任何方面都把他们自己联合起来，建立在和谐与谅解的精神上之后，这一团队中的每一个人将因此倍增他们自己的成就能力。

这项原则表现得最为明显的，应该是在老板与员工之间保持完美团队合作的工商企业。在你发现这种团队合作的地方，你将会发现双方都很繁荣与友善。

因为缺乏团队合作而失败的例子，比因为其他原因而失败的还要更多。戴尔·卡耐基在25年的商业经验及观察当中，亲眼看到了各种各样的企业，由于冲突及缺乏团队合作而告失败。

在处理法律事例的过程中，他看到了无数家庭破裂的案子，都是因为夫妻之间缺乏合作所造成的结果。在研究各国历史的过程中，他发现缺乏团队合作一直是各时代人类的一大弊病。

团队合作是所有组合式努力的开始。一群人为了达成某一特定目标，而把他们自己联合在一起。戴尔·卡耐基把这种合作称之为“团结努力”。

一个人根本就无法高效率地完成一个团体的所有工作。只有由在各个环节上具有优势和特长的人、团队、部门、企业分工合作、各司其职、各尽所能，才能更快、更好地完成工作，使每个人、团队、部门、企业的才能与优势得到最大限度的发挥，从而得到更多的利益。

如果离开了团队或战略同盟，不但无法获得更多的利益，相反却可能像寓言中的狐狸一样，落得被猎人抓住的下场。

所以，团队精神是通向成功的必经之路。只有团队获得成功，个人才有可能获得发展与成功。个人英雄主义已经不再适应这个时代，要想事业成功首先就要选择一个真正适合自己的团队，然后尽最大可能完成自己的工作并密切配合别人的工作，最后在团队成功的同时展示自己的才能，为自己谋求更多的发展机会。

第四章

用思维导图化解工作难题

如何突破工作中的“瓶颈”

工作一段时间后，往往会遇到一个“瓶颈”期。为了突破工作中的“瓶颈”，我们需要为自己进行准确的定位，调整心态，进而选择适合自己的充电方式。

如果我们善于使用思维导图的话，那么面对工作或生活中的任何瓶颈，我们都能理清、理顺，从而有效应对。

无论事业还是生活，每个人都会遇到“瓶颈期”。最糟糕的是，你并不知道这一次的“瓶颈期”有多长。于是有人戏称之为“悠长假期”。应该怎样度过这个“假期”呢？希望下面的这个小故事能够带给你启发。

在 18 世纪淘金热刚刚兴起的时候，南非的金矿还埋藏在一望无际的沙漠下。一个名叫乔治·哈里森的人来到南非，他对自己说，他要找到世界上最大的金矿。可是命运似乎并没有眷顾这名年轻人，十几年的时间过去了，乔治·哈里森连金矿的影子都没有看到，只是在一些小金矿作坊里没日没夜地干着最脏最累的活。

处于“瓶颈期”的他松懈下来，放弃了寻找金矿的任何准备。

在很偶然的机会，乔治·哈里森发现了一条长 420 公里，宽 24 公里的金脉，这也是目前世界上最大的金矿。

就在他感觉到喜从天降的时候，却发现自己不具备任何开采金矿的资本。万不得已，他只得出售了这条金矿的开采权，

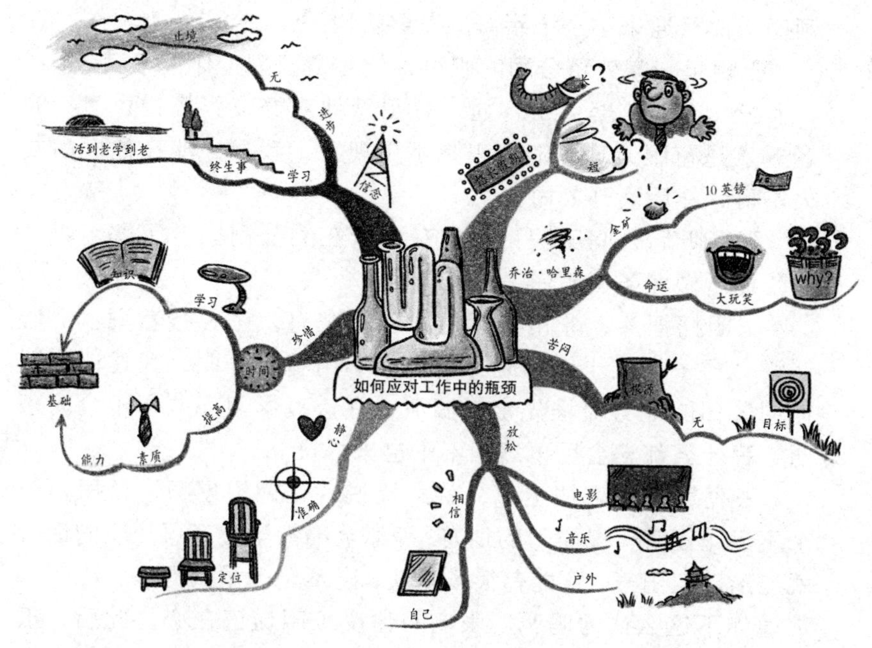

价格是10英镑！如此低廉的价格，等于白送了开采权。

命运和乔治·哈里森开了一个大玩笑。但是只要认真思考一下，就会发现乔治错过金矿的原因，就在于他忽略了“随时准备着”的准则，就算处于“瓶颈期”，在给自己放一个长假的时候，也不能对自己的技术、知识不闻不问。

在“瓶颈期”，每个人的苦闷大多是源于缺乏目标。

这时，我们首先需要做的是静下心来思考，给自己一个全新而准确的定位。这个定位就像一颗启明星，可以指引你前进的方向。

工作的瓶颈期会使我们有一些空余时间，不要让这些时间白白溜走，不妨动手学习一直很感兴趣却由于平日的忙碌而疏忽的东西。也许将来的某一阶段，你会发现在“瓶颈期”略显艰苦的“修炼”已经给你铺垫了厚实的基础。

下面这个故事中的主人公就是借助学习突破了他的工作瓶

颈期，而且迎来了一个崭新的发展阶段。

王明是一家外贸公司的职员，他对自己的工作很不满。

在一次朋友聚会上，他十分生气地对好友张亮说：“我的老板真是有眼无珠，他从来都不重视我，我哪天非在他面前发火不可，然后离开公司。”

张亮听后，问王明：“你对你所在的公司完全了解了吗？对公司所做业务搞明白了吗？”

王明摇摇头，非常疑惑地看了看张亮。张亮接着说：“俗话说‘君子报仇十年不晚’嘛！你不用着急辞职，我建议你把你们公司的业务流程先全部搞清，并认真学习那些你不会的东西，等什么都学会后再辞职不干也来得及。”

张亮见王明表情迷惑，就解释说：“你想想啊，公司是一个不用花钱就可以学习的地方，等你全部都学会了再辞职的话，就能给自己出气，还能有很多收获，岂不是一举两得吗？王明，难道你不这么认为吗？”张亮的建议王明谨记在心。此后，王明勤学默记，经常在别人下班之后，他还待在办公室中研究写商业文书的方法。

时间过得飞快，一年后，王明偶然遇到了张亮，张亮问他：“现在你应该把公司的事情学得差不多了吧？什么时候准备拍桌子辞职啊？”

不料王明却说：“但是，这半年来我感觉老板对我非常重视了，近来不断给我加薪，并委以重任，现在，我已经是公司最红的人了！”

从这个故事中，我们应该明白这样一个道理：现在已经步入终生学习的时代，学习是终生的事情，是没有时间的分隔、人员的界定和场所限制的，要想有所发展，就一定要时刻学习。

提高学习的能力要比学习知识重要得多，知识虽然也在时刻更新，但人们只有在提高了学习知识能力的同时才能更好地吸收新知识、运用新技能，以此提高自己的整体素质，才能适时地突破瓶颈。

如何缓解心理压力

今天，在工作强度日趋加大，市场竞争日趋激烈的情况下，不少人感到难以承受沉重的工作压力，并出现了明显的心理问题。在这种情况下，减压已经成为一个刻不容缓的问题。

2003年6月，温州市东方集团副总经理朱永龙因长期精神抑郁自杀身亡；

2003年8月，韩国现代集团董事长郑梦宪跳楼身死；

2005年4月，爱立信（中国）有限公司总裁杨迈由于心脏骤停在北京突然辞世；

……

中国约有70%的白领处于亚健康状态。

为什么会这样呢？一句话，都市节奏太快，职场压力太大。

所谓的压力是当我们去适应由周围环境引起的刺激时，我们的身体或精神上的生理反应。一般而言，98%的压力来自芝麻小事，只有2%的压力可能造成生活上的大问题。

然而，这2%的压力却产生了98%的“负面性压力”。有人面对压力，会暴饮暴食、酗酒、吸毒，变成工作狂，但有人却会把压力视为机会，借着压力将自己转化得更成熟稳健。

不良压力危害人的生理和心理健康，威胁人生幸福，如何应对压力是一堂人生必修课。当面对压力时，你可以采用以下方法来化解压力、缓解压力：

1. 让心灵暂时出逃

工作无休止，事业无尽头，但是健康却是我们永恒的本钱。在这个日新月异的社会里，每个人都越来越看重自己的身份和事业，既想做白领、做主管、做老板，又要做好丈夫、好妻子、好父亲、好母亲。

这些来自职场和家庭的不同身份，就像一张无形的网，罩得人们喘不过气来。其实，你完全可以让自己停下来歇一歇。在办公室和家的两点一线之外，找一个让心灵暂时出逃的地方，将人生重负稍放片刻，在那里虚度一下光阴。出来之后，你也许就会觉得，迎接你的，是又一个生机勃勃的明天。

2. 提高你的抗压力

提高抗压能力的第一步是要有意识地塑造自己良好的性格，对待事情，要能拿得起，放得下，保持情绪的稳定性。这样当压力到来时，就不会有大起大落的不适应感。

再者，要意志坚定、胸怀坦荡、心境豁达，凡事不钻牛角尖。

最后要善于处理人际关系。今天，每个人都面临事业、学术、婚姻、住房、医疗、利益分配等诸多问题，在这些关系个人利益的问题中，人际关系显得尤为重要。

3. 饮食得当，缓解心理压力

营养学家和心理学家经过几十年的潜心研究，发现食物因素对人的心理状态包括情绪状态有较大的影响。在一定情况下，选择最佳食物，可以缓解心理压力和负担。

例如，含糖量高的食物对忧郁、紧张和易怒行为或心理状态有缓解作用。因此，如果你遇到难题，思虑过度或紧张不安，甚至发生严重失眠的话，建议在睡觉前喝点脱脂牛奶或加蜂蜜的麦粥，并吃些香蕉。这些食物会帮助你安定心情、顺利入眠，并且会睡得更香。

4. 勤做缓解压力操

步骤一：两手慢慢平伸，手握拳头，慢慢用力，包括上臂、前臂、拳头。慢慢用力，再用力，感觉肌肉的紧绷，达到自己可以承受的极致。然后慢慢放松，两手慢慢放下；

步骤二：身体坐正，下巴往胸前压，两肩往后拉，然后往前压，再用力往后拉，用力，慢慢放松，动作要慢；

步骤三：眉毛上扬，用力往上扬，用力，再用力，然后慢慢松开；

步骤四：鼻子、嘴巴、眼睛用力往脸中间挤，慢慢用力，然后慢慢放松；

步骤五：嘴唇紧闭，用力咬紧牙齿，慢慢用力，然后慢慢放松；

步骤六：嘴巴张开，舌头抵住下齿龈，嘴巴用力张开，舌头用力抵住，再用力，慢慢放松；

步骤七：身体坐直，身体往后仰，用力往后仰，再用力，慢慢回复原来位置，慢慢做两个深呼吸。

5. 香气疗法

香气治疗法目前在日本颇为流行，它不是简单地买回一些植物汁或者植物油来享受其芬芳就完事，而是有越来越多的商家开始利用这种香气为人们提供治疗服务，据说该治疗可以起到缓和人们紧张情绪和改进人际关系的神奇功效。

很多美容院都已开展了这项服务。当然，如果没有条件的话，那么养几盆有香味的花，每天早晚跑去阳台各闻一次，然后做做伸展运动，也许压力也会随之一扫而光。

6. 听自己最喜欢的歌

音乐同样具有安定情绪和抚慰的功效。想尽情地发泄一番，那就听一听摇滚乐；想理清一下情绪，那就听听古典音乐。你可以买上一两张新碟，把自己关在房间里戴上耳机，你就可以尽情地沉浸在音乐王国里面了。

7. 有空常做深呼吸

呼吸并不只有维持生命的作用，吐纳之法还可以清新头脑，平静思绪。所以当你因压力太大而心跳加快时，不妨试着放松身心，做几个深呼吸。

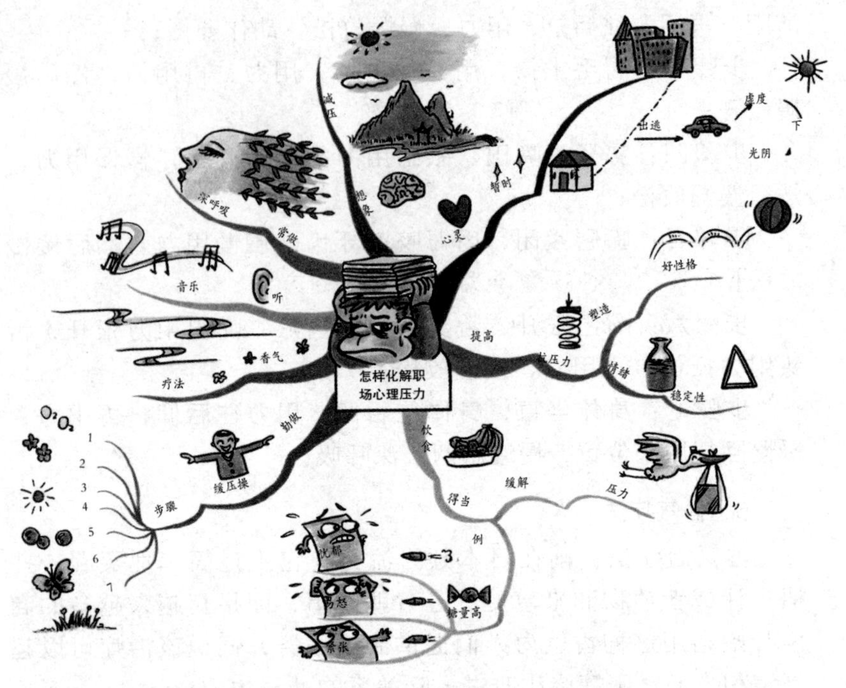

8. 在想象中减压

听起来很新鲜，其实研究证明想象能有效减轻压力。例如设想自己在草地漫步，闻到近处有兰花，踩着鹅卵石在没膝深的溪水中探行，躺在海滩上让潮水一遍一遍地冲刷。要注意想象一些声音、景象、气味等的细节。

如何摆脱不良的工作情绪

“雄鹰翱翔天空，难免折伤飞翼；骏马奔驰大地，难免失蹄折骨。”人的一生不可能一帆风顺，事事如意，我们在工作中也难免会遇到挫折。摆脱不良的工作情绪将有助于工作的顺利进行，并可以给你带来好的心境。

有的人在工作中遇到挫折后，就消沉、灰心、委靡不振，丧失信心，放弃了努力，甚至自怨自艾，自暴自弃。

长久的压抑甚至导致精神疾病，其实，在遇到挫折后，不妨冷静而理智地分析导致挫折的原因和过程，从中找到较好的解决办法。

下面介绍几种摆脱不良工作情绪的方法：

（1）沉着冷静，不慌不怒。

（2）增强自信，提高勇气。

（3）审时度势，迂回取胜。所谓迂回取胜，即目标不变，方法变了。

（4）再接再厉，锲而不舍。当你遇到挫折时，要勇往直前。你的既定目标不变，努力的程度加倍。

（5）移花接木，灵活机动。倘若原来太高的目标一时无法实现，可用比较容易达到的目标来代替，这也是一种适应的方式。

（6）寻找原因，理清思路。当你受挫时，先静下心来把可能产生的原因寻找出来，再寻求解决问题的方法。

（7）情绪转移，寻求升华。可以通过自己喜爱的集邮、写作、书法、美术、音乐、舞蹈、体育锻炼等方式，使情绪得以调适，情感得以升华。

（8）学会宣泄，摆脱压力。面对挫折，不同的人有不同的态度。有人惆怅，有人犹豫，此时不妨找一两个亲近的人、理解你的人，把心里的话全部倾吐出来。

从心理健康角度而言，宣泄可以消除因挫折而带来的精神压力，可以减轻精神疲劳；同时，宣泄也是一种自我心理救护措施，它能使不良情绪得到淡化和减轻。

（9）必要时求助于心理咨询。当人们遭遇到挫折不知所措时，不妨求助于心理咨询机构。

心理医生会对你动之以情，晓之以理，导之以行，循循善诱，

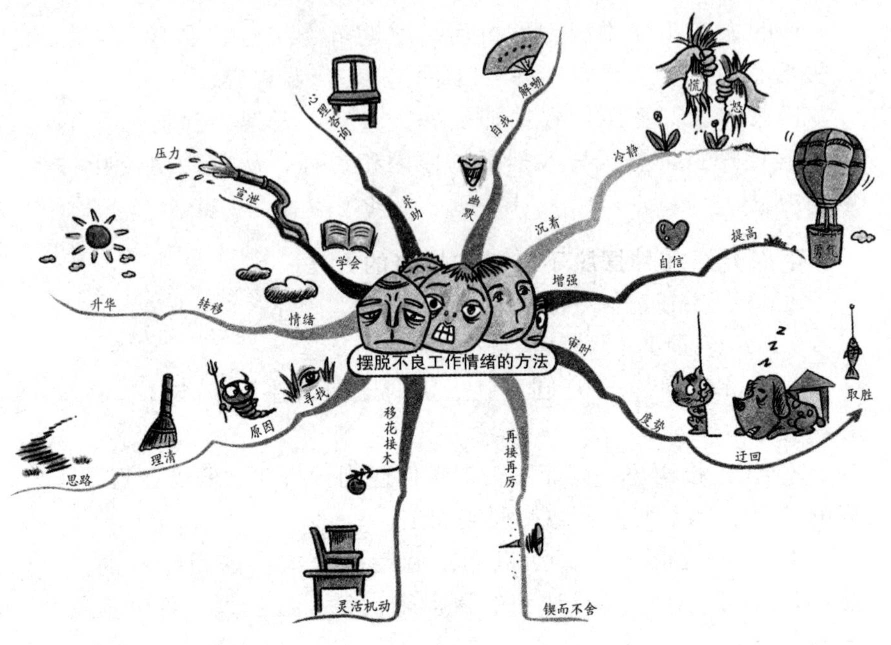

使你从“山重水复疑无路”的困境中，步入“柳暗花明又一村”的境界。

(10)学会幽默，自我解嘲。“幽默”和“自嘲”是宣泄积郁、平衡心态、制造快乐的良方。当你遭受挫折时，不妨采用阿Q的精神胜利法，比如“吃亏是福”“破财免灾”“有失有得”等来调节一下你失衡的心理。或者“难得糊涂”，冷静看待挫折，用幽默的方法调整心态。

对此，我们用思维导图画出摆脱不良工作情绪的方法，以时刻提醒自己。

如何保持完美的职业形象

成功形象是一个人的无形资产，“看起来像个成功者和领导者”，那么你的事业会为你敞开幸运的大门。

西方有句名言：“你可以先装扮成‘那个样子’，直到你成为‘那个样子’。”如果你已经成为“那个样子”，但没有扮成“那个样子”，那么对你的成功事业就会带来一定的阻碍。先看一个事例。

我国东北盛产大豆，以其粒大、油多、脂肪丰富而闻名全国。改革开放后，一大批农民企业家迅速崛起，陈志贵就是其中的一个。他就地取材，以当地特产的优质大豆为原料，创办了一家豆粉饼加工厂。

由于经营得方，业务很快就做大了，不仅将客户发展到了全国，甚至还发展到了东南亚地区。

一天，陈志贵收到了一张来自香港的大订单，他亲自带领工人连夜加班，终于在规定的时间内完工，将货物发往了香港。但几天之后，香港公司却打来电话，说货物“有质量问题”，要求退货。

陈志贵十分纳闷，自己的产品一向以质量过硬而赢得卓越信誉，况且，这批产品由自己亲自监工生产，怎么会出现质量问题呢？绝对不是质量问题，一定是其他环节上出现了问题！陈志贵十分自信，他简单收拾了一下行李，立即乘飞机飞往香港。

当西装革履、风度翩翩的陈志贵出现在香港公司的总经理面前时，对方竟然惊讶地张大了嘴巴。虽然还不明白退货的问题出在哪里，但感觉敏锐的陈志贵已从对方的细微变化中捕捉到了什么。

在以后两天的相处中，陈志贵不亢不卑、侃侃而谈，充分表现出一个现代企业家应有的气质和风度，最终不仅“质量问题”烟消云散，还和那位总经理成了好朋友，成为长期的商业伙伴。

但是“质量问题”始终是陈志贵心中的一个疑团，因为他和对方谈得多是企业管理和人生修养方面的问题，他们根本没有再提什么质量问题。直到多年之后，陈志贵向那位经理询问才得知真正原因。

原来，这批货是香港公司的一个部门经理向陈志贵订的货，但在向总经理汇报后，总经理得知这批货是由农民家庭加工生产时，脑海里凭空臆想出了一个土得掉渣的农民形象。他顾虑重重，对那批货看也不看，就做了退货的决定。但当形象鲜明、个性十足的陈志贵突然出现在他面前时，他才知道自己犯了个多么可笑的错误。

可见，成功形象是一个人的无形资产，“看起来像个成功者或者领导者”，那么你的事业会为你敞开幸运的大门，让你脱颖而出。

民主选举时，由于你“像个领导”，人们会投你一票；提拔领导时，由于你“像个领袖”，你会被领导和群众接受；对外进行商务交往时，由于你“像个成功的人”，人们愿意相信你的公司也是成功的，因而愿意与你的公司进行交易。

沈先生有很高的经商才能，从一家大公司辞职后他想开家公司。但是当他的公司开张时，生意却出奇惨淡，他的客户在他简陋的办公室中往往坐不到五分钟就起身告辞。

后来他在实力的虚实上做起文章来，以吸引入流的商人和客户。他租用了一套还算像样的房子，将里面的家具放入仓库，从别处借来一套上档次的办公家具，精心布置一番，顿使办公室气派不凡。

他又从家中拿来一些商务方面的书，搁在书架上，而且专放些半新半旧的，这使人不致怀疑他在生意上的真才实学。他通过熟人买了一套计算机机壳，盖上好看的装饰布，只要人们不亲自操作，谁也不知道那是样子货。他花小钱认认真真地“包装”了他的公司。

不过，他的公司也有真正属于他的东西，就是传真机和电话机。以后，他的公司里生意人渐渐多了，他出色的谈判技巧配上有实力的表象，使人增加了对他的信任，终于他有了几个固定的客户。

就这样，他虚虚实实、真真假假、若有若无地与形形色色的商人打交道，并且战绩辉煌，有了相当可观的收入。他将公司搬进了一家饭店，办公室里的那台电脑也变成真的了。当沈先生经过一系列改变后，他就让人产生了“看起来像个成功人士”的感觉，这促使他迈出走向成功的关键的一步。

因为在人们的意识中，具备这种成功形象的人大都是已经成功的人，因此，“看起来像个成功者”能够让你感受成功者的自信，激励自己走向成功，模仿成功者的举止、行为，被人们首先认可是具有潜力的成功者。因而，当成功的机会到来时，你就是成功者！

为了取得成功，你必须在脑中“看”到你正在取得成功的形象，在脑中显现你充满自信地投身一项困难的挑战的形象。这种积极的自我形象反复在心中呈现，就会成为潜意识的一个组成部分，从而引导我们走向成功。

努力在外表塑造“像个成功人士”的例子数不胜数，因为他们深刻理解“看起来像个成功者”的形象对事业有多大的促进作用。

当然，看起来像个成功人士，不仅仅是指外表、谈吐和举止都要像个成功者，而且要有许多特质，这些特质是看不见摸不着的，但它却是成功的根本。这些特质包括：

（1）热情奔放。

成功者一直有一个理由，一个值得付出、激起兴趣、且长据心头的目标，驱使他们去实行、去追求成长和更上一层楼。这目标给予他们开动成功列车所需的动力，使他们释放出真正的潜能——这就是热情。

（2）乐观向上的精神。

一个能够在一切事情不顺利时仍然微笑的人，比一个遇到艰难就垂头丧气的人，更具有胜利的条件。

（3）要有策略。

策略就是组合各种才能的计划，有策略才能使事情按部就班地完成。

（4）清楚的价值观。

看看那些真正的成功人士，他们虽然职业不同，但却有共同的道德根基，知道为人本分和当仁不让。所以要想成功，就得明白自己的价值观，这是极为重要的关键。

（5）精力充沛。

缺乏活力、步履蹒跚的人想进入卓越之林，那几乎是不可

能的。精力充沛之人的四周，几乎整日充满各种各样的机会，忙得他们分身乏术。

（6）超凡的凝聚力。

差不多所有的成功者都有一种凝聚众人的超凡能力，这种能力能把不同背景、不同信仰的一群人集合在一起，建立共识，统一行动，这样才能保证事业成功。

（7）善于沟通。

能带动我们生活和工作的人，都是能与他人沟通的大师，他们具有传送见解、请求、消息的能力，所以能成为伟大的政治家、企业家等。成功者的特质，仿佛是由心中燃烧的火焰，驱使他们去追求成功。拥有成功特质的人，在不断实现自己理想的过程中，也广泛地赢得了世人的欢迎和瞩目。

有效晋升的完美方略

在日新月异的当今社会，随着科技的飞速发展，竞争日趋激烈。一个人要想在职场上稳坐钓鱼台，并且步步高升并非易事。但是，掌握了正确的方法，职场晋升不再是童话。

对于公司员工来说，晋升几乎是每个人永远追求的梦想。但是，晋升好运并非落在每一个人身上，而只青睐那些成绩出色、工作努力的员工，谁能成为同行的佼佼者，谁就能成为公司老板所青睐的对象。

其实，晋升如同其他事情一样，也需掌握一定的方法，如果使用的方法得当，那么，你将很快地达到你的晋升目标。下面的几种晋升策略也许会带给你一些体悟。

攻略一：毛遂自荐，学会推销自己

当今职场，每个人都要具有自我推销意识，尽力把自己的能力展现给上司和同事，让他们认同你。如果你有惊世之才，却不懂得去推销自己，犹如埋在地底下的一块宝石，无法让人欣赏你的光芒，等于是自我埋没。

当上司提出一项计划，需要员工配合执行时，你可以毛遂自荐，充分表现你的工作能力。

李坚在某研究所就职。一天，办公室主任请他看一份报告，并准备在此之后呈送所长。李坚看后认为："这个报告不行，如果依照它办理，将会导致失败。"他向所长大胆地提出了这一看法。所长说："既然他的不行，那么就请你拿出一份行的方案来吧！"

第二天，李坚拿出一份报告呈递所长，得到所长的大力赞赏。

一个月后，李坚就被提升为办公室主任，原主任也因此而被解雇。

在这个例子中，如果李坚不善于抓住向所长表现自己才能的机会，就很难得到所长的重用。

攻略二：主动去做上级没有交代的事

在现代职场里，有两种人永远无法取得成功：一种人是只做上级交代的事情，另一种人是做不好上级交代的事情。这两种人都是首先被上级"炒鱿鱼"的人，或者是在卑微的工作岗位上耗费终生却毫无成就的人。

在现代职场，过去那种听命行事的工作作风已不再受到重视，主动进取、自动自发工作的员工将备受青睐。在工作中，只要认定那是要做的事，就立刻采取行动，马上去做，而不必等到上级的交代。

攻略三：敬业让你出类拔萃

无论从事什么职业，只有全心全意、尽职尽责地工作，才能在自己的领域里出类拔萃，这也是敬业精神的直接表现。

王凯大学毕业后被分配到一个研究所，这个研究所的大部分人都具备硕士和博士学位，王凯感到压力很大。经过一段时间的工作，王凯发现所里大部分人不敬业，对本职工作不认真，他们不是玩乐，就是搞自己的"第三产业"，把在所里上班当成混日子。

王凯反其道而行之，他一头扎进工作中，从早到晚埋头苦干，经常加班加点。王凯的业务水平提高很快，不久成了所里的“顶梁柱”，并逐渐受到所长的重用，时间一长，更让所长感到离开他就好像失去左膀右臂。不久，王凯便被提升为副所长，老所长年事已高，所长的位置也在等着王凯。

敬业不但能使企业不断发展，而且还能使员工个人事业取得成功。

攻略四：关键时刻，为上级挺身而出

琼斯是某学院的部门助理，他的上级博格负责管理学生和教职员工。糟糕的签到系统使许多班级拥挤不堪，而另一些班级却是人太少，面临被注销的危险。博格的工作遭到众多师生的非议，承受着改进学生签到系统的压力。琼斯自告奋勇开发一个新的签到体系。博格高兴地同意了他的意见。经过艰苦工作，琼斯开发出一个准确高效的签到管理系统，不久后的一次组织机构改组中，博格升任主任，随即，琼斯被提升为副主任。

对于琼斯开发并成功地完成了这套系统，博格给予了高度赞扬。

一般来说，时刻和老板保持一致，并帮助老板取得成功的人往往会成为企业的中坚力量，并且会成为令人羡慕的成功人士。

当某项工作陷入困境之时，如果你能挺身而出，大显身手，定会让老板格外赏识；当老板生活上出现矛盾时，你若能妙语劝慰，也会令老板十分感激。此时，你不要变成一块木头，呆头呆脑、冷漠无能、畏首畏尾、胆怯懦弱。若那样的话，老板便会认为你是一个无知无识、无情无能的平庸之辈。

攻略五：不要抱怨分外的工作

在职场上，很多人认为只要把自己的本职工作做好，把分内的事做好，就可以万事大吉了。当接到上司安排的额外工作时，不是满脸的不情愿，就是愁眉不展，唠唠叨叨地抱怨不停。

抱怨分外的工作，不是有气度和有职业精神的表现。一个勇于负重、任劳任怨、被老板器重的员工，不仅体现在认真做好本职工作上，也体现为愿意接受额外的工作，能够主动为上司分忧解难。因为额外工作对公司来说往往是紧急而重要的，尽心尽力地完成它是敬业精神的良好体现。

如果你想成功，除了努力做好本职工作以外，你还要经常去做一些分外的事。因为只有这样，你才能时刻保持斗志，才能在工作中不断地锻炼、充实自己，才能引起别人的注意。

攻略六：积极进取，赢得晋升

进取心代表着开拓精神，开拓精神则说明对现实有忧患意识，对未来有探险精神。这样的人才，老板将委以重任。

安于现状的人在老板的心中就是没有上进心的人，这种人也许循规蹈矩，不出差错，但公司不会需要太多这样的人。公司如果是以增长为目标，那么就需要不安于现状、放眼未来的员工。

绝大多数老板希望员工具有积极进取的冒险精神，明知山有虎，偏向虎山行。其实，也只有这样的人才可以令企业有更大的飞跃，那些安于现状的员工只能做“垫底”的功用，这种人令老板放心，但绝不会令老板欣赏。

攻略七：让老板知道你做了什么

你是不是每天全力以赴地工作，数年来如一日？不过，有一天你突然发现，纵使自己累得半死，别人好像都没发现，尤其是老板，似乎从来没有当面夸奖或表扬过你。

这个问题可能不在老板，而是出在你自己身上。大多数的员工都有一种想法：只要我工作卖力，就一定能够得到应有的奖赏。但问题是：光会做没有用，做得再多也没有人知道。要想办法让别人，特别是你的老板知道你做了什么。

攻略八：做一名忠诚的员工

王双长相平平，学历不高，在一家进出口贸易公司做电脑打字员。那年，公司现金周转困难，员工工资开始告急，人们纷纷跳槽。在这危急的时刻，王双没有走，而是劝说消沉的老板振作起来。在王双的努力下，公司谈成了一笔很大的服装业务，王双为公司拿到1000万美元的订单，公司终于有了起色。

后来，公司改成股份制，老板当了董事长，王双则成了新公司第一任总经理。有人问王双如何取得了这样的成就，王双说："要说我个人如何取得了这样的成就只有两点：那就是一要用心，二没私心。"

不知王双的话对你是否有启发。现在很多人一边在为公司工作，一边在打着个人的小算盘，这样的人怎么能为公司的发展做出贡献呢？公司没有发展，个人又怎能成功呢？

任何一个老板都喜欢忠诚的员工，只有忠诚的员工才能获得老板的信任。如果员工不忠诚，老板就会有如坐针毡的感觉，一些重大的事情就不敢交给这样的员工去做，员工又怎能获得加薪与晋升的机会呢？

如何在竞争中夺取胜利

在竞争愈来愈激烈的现代职场，面对同样的竞争状态，有的人遭到了失败，有的人却能在竞争中脱颖而出。既然竞争是不可避免的，我们就要积极地面对竞争，以良好的心态去竞争。

在竞争愈演愈烈的现代社会中，同事之间不可避免地会出现或明或暗的竞争，表面上可能相处得很好，实际情况却并非如此。

你有时也许会有这样的困惑：上司对你印象不错，你自己的能力也不差，工作也很卖力气，但却总是迟迟到达不了成功的顶峰，甚至常常感到工作不顺心，仿佛时时处处有一只看不见的手在暗中扯你的后腿。百思而不得其解之后，你也许会灰心丧气颓然叹道："唉，那是上帝之手吧！"

美国斯坦福大学心理系教授罗亚博士认为，人人生而平等，每个人都有足够的条件成为主管，平步青云，但必须要懂得一些应对竞争的技巧。掌握了这些技巧，你的成功也许就能事半功倍。

1. 要有竞争意识

在工作中勤于上进和学有所长的人，有时会遇到这种情况：有些比自己条件差的人却先于自己取得了某种成功，或者比自己升迁得快，或者比自己更被老板赏识和器重。这究竟是怎么一回事呢？答案之一便是缺乏"竞争意识"。

人类自古至今，总是生活在各种各样的竞争之中，一个人要在职场生存和发展，就要有竞争意识，就要有一种比对手做得更好的意识。

勇于竞争和善于竞争，是使自己在人群中脱颖而出和在事业上卓尔不群的基本原因之一。一味埋头赶路而丝毫不顾及其他对手的情况，缺乏在社会上立足的竞争意识，你就很可能会成为在同一起跑线上起跑的落伍者。

2. 加强沟通，展现实力

工作是一股绳，员工就好比拧成绳子的每根线，只有各根线凝聚成一股力量，这股绳才能经受外力的撕扯。这也是同事之间应该遵循的一种工作精神或职业操守。生活中，有的企业因为内部人事斗争，不仅企业本身"伤了元气"，整个社会舆论也产生不良影响。作为一名员工，尤其要加强个体和整体的协调统一。

因为员工作为企业个体，一方面有自己的个性，另一方面，就是如何很好地融入集体，而这种协调和统一很大程度上建立于人的协调和统一之中。所以，无论自己处于什么职位，首先需要与同事多沟通，因为你个人的视野和经验毕竟有限，要避免给人留下"独断专行"的印象。

当然，同事之间有摩擦是难免的，我们应具有"对事不对人"的原则，及时有效地调解这种关系。不过从另一角度来看，此时也是你展现自我的好机会。用实力说话，真正令同事刮目相看。即使有人对你有些非议，此时也会"偃旗息鼓"。

3. 互惠互利，共筑双赢

一只狮子和一只野狼同时发现了一只山羊，于是商量共同去追捕那只山羊。它们配合得很默契，当野狼把山羊扑倒后，狮子便上前一口把山羊咬死。

但这时狮子起了贪念，不想和野狼共同分享这只山羊，于是想把野狼也咬死。野狼拼命抵抗，后来狼虽然被狮子咬死，但狮子自己也受了很重的伤，无法享受美味。

如果狮子不起贪念，和野狼共享那只山羊，那不就皆大欢喜了吗？何必争得个你死我活的“单赢”呢？

单赢不是赢，只有双赢互利才是真正的赢。战争的至高境界是和平，竞争的至高境界是合作。一名职业人士在进入职场伊始，就应当力求这样的结果。互惠互利，共筑双赢，这是与竞争对手寻求共同利益的最好办法。

4. 心胸开阔，以静制动

通常情况下，我们会将自己的竞争对手看作死敌，为了成为那个令人艳羡的胜利者，也许会不择手段地排挤竞争对手。或是拉帮结派，或是在上司面前历数别人的不是，或是设下一个又一个巧计使得对方“马失前蹄”……可悲的是，处心积虑的人往往并不能成为最终的赢家，除了收获沮丧和悔恨，再也得不到别的什么。

5. 学会欣赏你的竞争对手

张前应聘一家著名的广告公司，经过层层选拔，最终进入了复试，成了6位入围者之一。复试内容很简单：让每位入围者按要求设计一件作品并当众展示，让另外5人打分，写出相关的评语。

张前在评分时，对其中两人的作品非常佩服，怀着复杂的心情给他们打了高分，并写下了赞语。令他意外的是，他入选了！而更令他意外的是，他欣赏的那两人中只有一位入选！他不明白这是为什么。

该广告公司老总的一番话使他幡然醒悟。老总说：“入围的6个人可以说都是佼佼者，专业水平都较高，这固然是重要的方面。但公司更为关注的是，入围者在相互评价中，是否能彼此欣赏。因为，庸才自以为是，看不见别人的长处，若对对方视而不见，那就显得心胸太狭隘了，从严格意义来说那不叫人才。落聘的几位虽然专业水平不错，但遗憾的是他们缺乏欣

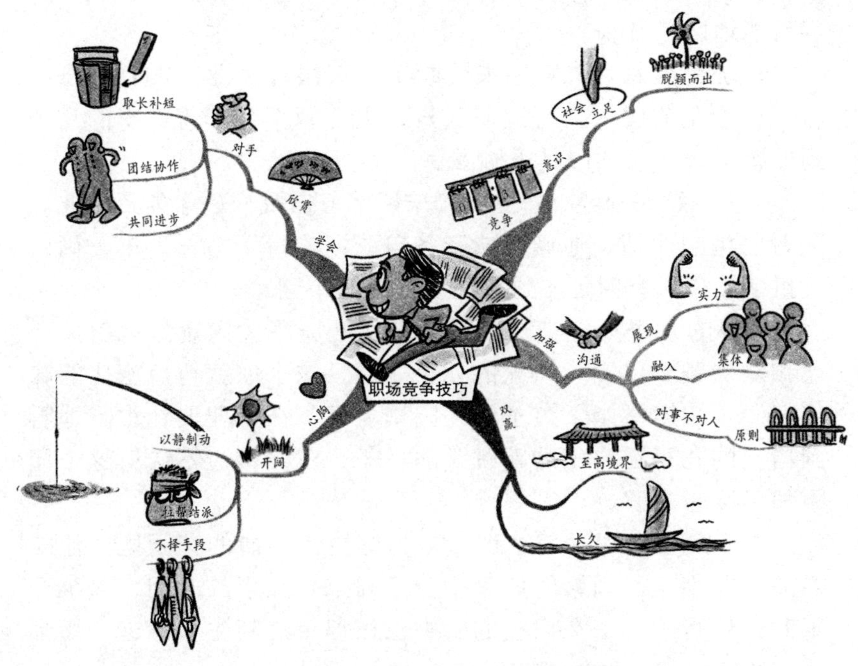

赏对手的眼光，而这点较专业水平其实更重要。”

在当前日趋激烈的就业竞争中，是否具有欣赏别人的眼光和接纳别人的胸襟，是非常重要的。因为有了这样的眼光和胸襟，才能取长补短，团结协作，共同进步。这也正是复合型人才必备的素养之一。

如何协调工作与生活

我们常常忙于工作而忽视生活，实际上，只有一个真正懂得生活之道的人才能够把握好生活的节奏，达到工作和生活的和谐。

世界上并不存在十全十美的工作，但富有意义的生活却掌握在我们每个人的手中。工作是工作，生活是生活，两者应该尽可能地区分开来。

邢立武和太太宋娇原来就职于一家国有企业，夫妻双方都有一份稳定的收入。每逢节假日，夫妻俩都会带着三岁的儿子到处游玩，一家三口其乐融融。

后来，经人介绍，邢立武和宋娇都各自跳槽去了外资企业。凭着出色的业绩，他俩都成了各自公司的骨干力量。夫妻俩白天拼命工作，有时忙不过来还要把工作带回家。

三岁的儿子只能被送到寄宿制幼儿园里。宋娇觉得自从自己和丈夫跳到体面又风光的外企之后，这个家就有点旅店的味道了。不知不觉中，孩子幼儿园毕业了，在毕业典礼上，她看到自己的儿子在台上蹦蹦跳跳的样子，竟然有点不认得这个懂事却可怜的孩子。

孩子跟着老师学习了那么多，可是在亲情的花园里，他却像孤独的小花。频繁的加班侵占了周末陪儿子的时间，以至于平时最疼爱的儿子在自己的眼中也显得有点陌生了。这一切都让宋娇陷入了一种迷惘和不安当中。

你是否和宋娇一样经常面临如何达到工作与生活和谐的困惑，而找不出合理的理由？面对生活，我们的内心会发出微弱的呼唤，只有躲开外在的嘈杂喧闹，静静聆听并听从它，你才会做出正确的选择，否则，你将在匆忙喧闹的生活中迷失，找不到真正的自我。

寻求一种简单的生活方式

过一种简单生活，这是一种全新的生活方式。首先是外部生活环境的简单化，因为当你不需要为外在的生活花费更多的时间和精力的时候，才能为你的内在生活提供更大的空间。其次是内在生活的调整和简单化，这时候你就可以更加深层地认识自我的本质。

现代医学证明，人的身体和精神是紧密联系在一起的，当人的身体被调整到最佳状态时，人的精神才有可能进入轻松时刻；而当人的身体和精神都进入佳境时，人的生命力才能更加旺盛，然后才能达到更上一层楼的境界。

你的生活节奏为什么总是那么快？你可不可以寻找一些更简单的生活方式？也许你早已经习惯了都市快节奏的生活，你不必离开它，更不必让生活后退，你只需换一个视角，换一种态度，改变那些需要改变的、繁杂的、无真实意义的生活，然后全身心地投入到自己的生活中。

跳出效率的“陷阱”

在快节奏的工作中，我们往往过于重视效率，而忽略了生活。太多机器按钮等我们去按，生活忙乱不堪，工作效率低下且毫无乐趣。

在效率的鞭策下，每个人都像机器一样忙得一刻也停不下来，这样的生活注定毫无幸福可言。事实上，以人的价值来看，我们应该依照人性来处理工作和生活的关系。

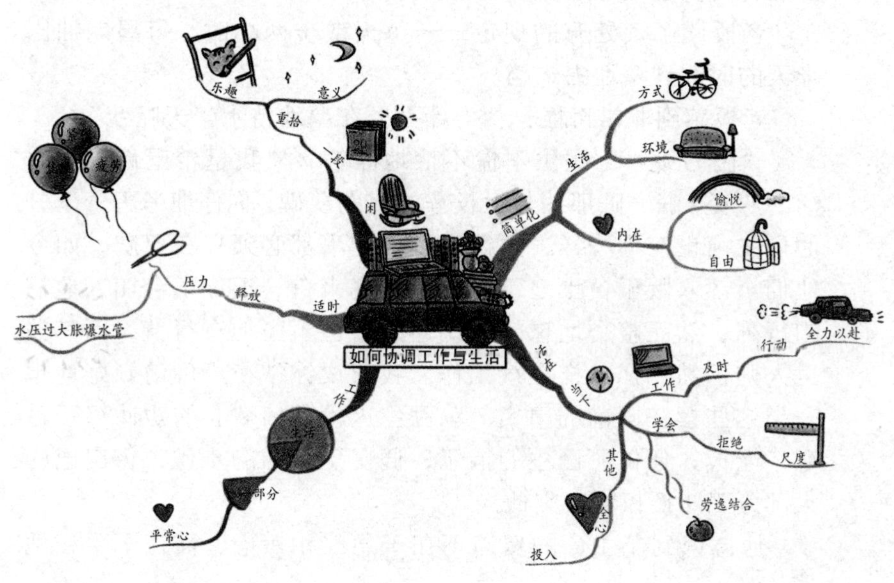

效率和花费的时间并不一定成正比。强迫自己工作再工作，只会耗损体力和创造力。我们需要暂停工作，让自己歇息一下。每当你放慢脚步，让自己静下来，就可以和内在的力量接触，获得更多能量重新出发。一旦我们能明白工作的过程比结果更令人满足这个道理，我们就更能够乐于工作了。

别把工作看得太重

一位积劳成疾的企业老板去医院看病，医生劝他要多多休息。这位老板愤怒地抗议说：“我每天都有那么多工作等着去处理，晚上还要批阅大量的文件，哪有休息的时间啊？”

“为什么晚上还要批阅那么多文件呢？”医生诧异地问道。

“那些都是必须处理的急件。”老板不耐烦地回答。

“难道没人可以帮你的忙吗？”医生问。

“不行呀！只有我才能正确地批示呀！而且我还必须尽快处理完，要不然公司怎么办呢？”

“这样吧！现在我开一个处方给你，你是否能照着做呢？”医生有所决定地说道。

老板读了读处方的规定——每天散步两小时，每星期抽出半天的时间到墓地去一趟。

老板感到非常奇怪：“为什么要在墓地待上半天呢？”

“因为……”医生不慌不忙地回答，“我是希望你放慢生活的节奏，瞧一瞧那些与世长辞的人的墓碑。你仔细考虑一下，他们生前也与你一样，觉得全世界的事都必须扛在双肩，如今他们全都永眠于黄土之下了，也许将来有一天你也会加入他们的行列，然而整个地球的活动还是永恒不断地进行着，而其他世人则仍然像你一样继续工作。我建议你站在墓碑前好好地想一想这些摆在眼前的事实。”医生这番苦口婆心的劝谏终于敲醒了老板，他依照医生的指示，调慢了生活的步伐，将自己的大部分工作授权给了其他人。

他意识到了生命的真谛不在于急躁和焦虑，而在于平和地度过每一天，在这种想法的作用下，他的生活慢慢步入了正轨，事业也蒸蒸日上。

工作并不是生活的全部。一位真正懂得生活之道的人不应当把工作看得太重，以免为此背上太过沉重的包袱，这样你才能享受更轻松的生活和更高效的工作。

学会给自己适时减压

就像我们不能逃避工作一样，我们也无法逃避工作中的压力。其实，在工作中有压力并非坏事，因为人有一定的压力可以促使自己更加努力地寻求进步。

但是，压力过大则绝非好事，它会让我们陷入紧张、焦躁、疲劳的状态中，这时，工作不顺心，生活也就无法开心。所以我们要学会适当地缓解压力，释放压力，使压力保持在我们能承受的限度内，不要发生“水压过大胀爆水管”的可怕事故。

抛开一切，让自己闲一段

一位上班族曾在博客中描述过自己的一天：

6点半铃声响起，开始忙着起床，洗澡，穿职业装，吃早餐（如果有时间的话），抓起水杯和工作包（或者餐盒），跑向公交车站，挤进车内，接受每天被称为高峰时间的惩罚。

从上午9点到下午5点工作……装得忙忙碌碌，掩饰错误，微笑着接受不现实的最后期限。当“重组”或“裁员”的斧子（或者直接炒鱿鱼）落在别人头上时，自己长长地松了一口气。扛起额外增加的工作，不断看表，思想上和你内心的良知斗争，行动上却和你的老板保持一致。再次微笑。

下午5点整，再次跑向公交车站，挤了进去，接受一天之中的第二次高峰时间的惩罚。与配偶、孩子或室友友好相处。吃饭，看电视。

文章中描写的那种机械无趣的生活离我们并不遥远。每天，我们都在忙碌着，置身于一件件做不完的琐事和没有尽头的杂念中，整天忙忙碌碌，丝毫体验不到生活的乐趣。此时，我们就需要抛开一切，让自己放松下来，这样，你就会重新找到生活的意义和乐趣。

第四篇

画出完美人生

第一章

画出清晰思路

提高上课记笔记的效率

我们从上学第一天开始，爸爸妈妈就为我们准备好了笔记本，告诉我们上课要养成记笔记的好习惯。

但是从来没有人告诉我们，具体怎样记笔记，怎样记笔记才是最科学合理的？几乎可以说，世界上99%的人记笔记都是一个模式，那就是依靠文字、直线、数字和次序。如果在课堂上，甚至直接把老师写在黑板上的内容照搬下来。

我们也从来没有想过，这种记笔记的方式有什么不妥。

但实际上，它的缺陷就是，这种记笔记方式不是一套完整的工具，它仅仅体现了你“左脑”的功能，却没有体现“右脑”的功能，因为右脑可以让我们感受到节奏、颜色、空间等等。

我们习惯的那种笔记，很少用到彩色，一般我们习惯了只用黑墨水、蓝墨水或者铅笔去书写。有些人很多年也只用一种颜色记笔记、写作业。现在回头看看，一种颜色的笔记真是单调极了，而且还封锁了我们大脑中无穷的创造力。

另外，这种直线型笔记仅仅是学生对老师课堂内容的机械的不完全的复制，相互之间没有关联、没有重点；而且很多学生忙于记录，没有时间真正地去思考，久而久之，就养成了学生记忆知识而不是思考知识的习惯，容易形成思维惰性。

也可以说，这种传统的记笔记方式，只利用了我们一半的大脑，同时，照字面意义去理解笔记内容，我们的智能被减了一半。

这种颜色单一的笔记，容易对我们的大脑产生负面影响，比如，容易走神；逃避问题；转移注意力；大脑空白；做白日梦；昏昏欲睡。

相比较传统笔记埋没了关键词、不易记忆、笔记枯燥、浪费时间、不能有效刺激大脑、阻碍大脑做出联想等诸多缺陷，思维导图笔记就是一种最佳的思维方式，它运用丰富的色彩和图像，可以充分反映出空间感、维度和联想能力，能彻底解放我们的创造力。

思维导图记笔记的方式可以对我们的记忆和学习产生巨大的影响，比如：

记忆相关的词可以节省50%到95%的时间；

读相关的词可节省90%左右的时间；

复习思维导图笔记可节省90%时间；

可集中精力于真正的问题；

让重要的关键词更为显眼；

关键词可灵活组合，改善创造力和记忆力；

易于在关键词之间产生清晰合适的联想；

画图过程中，会有更多新的发现和新的思想产生；

……

大脑不断地利用其皮层技巧，越来越清醒，越来越愿意接受新事物。

其实，做思维导图日记的步骤和上一篇所讲到的如何“让一本书变成一张纸的思维导图”步骤差不多。

在记笔记的过程中，我们可以一边听讲，一边画一幅思维导图，并在讲解者进行的时候找出一些基本概念，做成一个大概的框架。也可以在听完讲解以后，编辑并修正你的思维导图笔记，从而在修订的过程中，让信息产生更广泛的意义，因而也加强了你对它的理解。

用思维导图听讲座

听讲座时使用思维导图，与前面的“让一本书变成一张纸的思维导图”步骤基本类似，只是，如果你面临的是讲演者使用线性讲座或宣读的情况，将会对你绘图过程中随意使用材料造成一定影响。

为了避免这种影响，建议你在绘制思维导图之前，先尽快从总体上大概浏览一下讲座的主题，在讲座开始之前，你就可以尝试画一个与主题相关的中央图像和尽量多的主要分支。

同时，你还可以与演讲者索要与主题相关的材料，而他们通常很乐意为你提供这方面的资料。

如果当时的条件允许，你还可以抽出几分钟时间针对讲座的内容

（例如，“如何树立自信”）做一个快速总结，以便让大脑做好吸纳新知识的准备。

一般情况下，准备工作如下：

首先，准备一张记笔记时用的大一点的空白纸，最好是A3大的纸张，尽量选择大纸张的好处是，可以使你的大脑顺利地看见思维及信息的“全貌”。

在做讲座类的笔记时，最重要的是要记下关键词及所需的重要图像。同时还要明白一点，做这样一幅思维导图或许要到最后出现完整的结构时，才会清楚要全部表达的意思。

可以说，我们在听讲座过程中，所迅速记下的任何笔记可能只是半成品，而不是最终的成品。因为在讲座主题没有完全

变得明晰之前，你所记的内容是不完整的。

其次，我们应该明晰，听讲座时记笔记的重点是内容，不是为了视觉上的“美观”。

有一些表面上看起来“整洁”的笔记如果从信息角度看的话，其实是杂乱的。其实，在那些“整洁”的笔记中，关键信息是隐蔽的，被切割开并混杂于一些不相干的词语中。而那些看来“凌乱”的笔记从信息角度看却是整洁的。它们能即时地表明重要的概念及其之间的联系。在某些情况下甚至表示出交叉及相对立的信息。

最后，当你听完讲座，并最终完成思维导图，你面前的思维导图应该是整洁的。如果你再花一些时间，就可以在另一张新的空白纸上最终完成一个小时笔记的思维导图。

重新组织思维导图是一个很有成效的练习过程，尤其是当你在学习阶段就很合理地组织的话，那么这个重组过程可以看作是首次温习过程。

如何激活我们的创造力

不知你是否知道，在印度尼西亚有一种母科摩多大蜥蜴，当它第一次产卵时，它知道要先爬一段险坡，然后到一座火山里面产卵，这样刚出生的小蜥蜴存活率会比较高。即使作为母亲的大蜥蜴不是生在火山中，但它却十分清楚地知道必须如此。

大蜥蜴是怎么知道的？又是谁告诉它的？

很多时候，我们也像科摩多大蜥蜴那样，其实知道很多不可能知道的事。这些特殊的思考能力或想法有时在日常生活中就这么突然地冒出来，尽管有些时候我们所处的状态十分清晰，它还是会忽然闪现在脑海中。在这种时候，我们的心犹如与一种更广大的意识相联结在一起。

在我们的经验储存器——大脑中，有些资料是非常平凡而熟悉的，有些带有惊人的意象和联想。不管怎样，它们都与我们的生活息息相关，不过，有一点可以明确，那就是我们可以辨认出这些资料是从哪里来的。

除此，有一些是我们不可能知道的，我们可以称它为直觉，也可以称它为第六感。那可能是一种对于原始事物的原始理解，而不是人生经验所带给我们的。

因此，每一个人的内心深处似乎都具有一个属于自己的创造源泉。同时，存在一种超越个人的，属于全人类的共同源泉，里面储存着各种原始、深奥的集体智慧。这个庞大源泉或许在我们体内，或许我们通过一种渠道与它联结。

脑神经学家拉塞·布莱思认为，创造能力强的人的神经元数量虽然比普通人少，但是可以组成丰富的功能模式。科学实践告诉我们，神经系统是创造力的生物学基础。神经元的构造和功能影响着创造力水平的高低。

根据克拉克的研究，创造力强的人的大脑有以下五个特点：

（1）表现出快速的突触活动，引起更迅速的资讯过程；

（2）具有丰富的化学成分的神经元，可形成更复杂的思维模式；

（3）更多地运用前额皮层（额叶）的功能，使顿悟和直觉思维得以强化；

（4）脑波输入更快，更为持久，能够从轻松的学习、强化记忆及左右脑的综合功能中得到乐趣；

（5）脑节律的一致性、共时性和专心致志的强化。

有创造力的人神经系统强度高，兴趣和意志集中，灵活和均衡性高、分析力强，大脑功能潜力大。

创造力是知识经济时代最有活力、最有前景、最有挑战的能力，全脑创造力就是既要运用左脑，又要积极开发右脑潜能，多管齐下，平衡发展，发挥大脑潜能，最大限度地提高创造能力，使我们在高度竞争的社会生活中立于不败之地，并且能够体现出我们所具有的生命意义。

中国教育部原副部长吴启迪说，“指南针、造纸术、印刷术和火药，中国的四大发明让我们感到自豪，但在接下来的几个世纪里，我们没有保持发明的步伐。四大发明充分证明了中国人的能力，我们需要回到那样的状态。”

是的，无论是从国家进步、民族发展的大局，还是从个人需要创造社会价值的角度，我们都需要激活自己的创新能力！

但是，如何有效地激活我们的创新能力呢？

1. 破除思维定式

毕加索说过：“创造之前必先破除。”破除什么？破除传统的观念，破除陈旧的规则，破除头脑中的思维定式。应该说，一切创新活动都是“破除 + 建立”。

培养创新的落实意识，首先就要破除制约创新的思维定式。概括说来，制约创新的思维定式主要有以下几种：

权威型思维定式

所谓权威型思维定式，就是在对事物的认知和对是非的判定上，缺乏自我独立思考的意识，而盲目地依附于权威。

权威虽然使我们节省了许多探索的时间和精力，但如果我们过分地迷信权威，唯权威之言而是听，就会墨守成规，不能根据具体情况寻求落实的新方法，从而影响工作任务的落实。

习惯型思维定式

所谓习惯型思维，就是思维沿着前一思考路径以线性的方式继续延伸，并暂时地封闭了其他的思考方向。

法伯是法国著名的科学家。他曾做过一个著名的“毛毛虫”试验。这种毛毛虫有一种“跟随者”的习性，总是盲目地跟随着前面的毛毛虫走。

试验中，法伯把一些毛毛虫放在一个花盆的边缘上，首尾相接，围成一圈，并在花盆周围不到 6 英寸的地方撒了一些毛毛虫最爱吃的松针。毛毛虫开始一个跟一个，绕着花盆一圈又一圈地走。一小时过去了，一天过去了，毛毛虫们还不停地坚忍地团团转。又过了六天六夜，它们终于因为饥饿和精疲力竭而死去。

实验结束后，法伯在笔记中写下了这样一句耐人寻味的话："在这么多毛毛虫中，其实只要有一只稍与众不同，便立刻会避免死亡的命运。"

惯性的思维常常使人们陷入僵局，甚至置人们于死地。毛毛虫之死告诉我们的就是这个道理。

经验型思维定式

经验是人类的宝贵财富，但如果过分地迷信经验，过分地依赖经验，并形成固定的思维模式，照办照抄，就会弄巧成拙。

有位女孩在跟妈妈学做菜。她发现妈妈在切香肠时，总是将香肠的头尾去掉。她很奇怪，问妈妈为什么。妈妈说："你外婆这样做，我也跟着这样做，不知道为什么，你去问外婆好了。"

女孩便拨通了外婆的电话。外婆告诉她："因为从前我们家烤箱的盘子太小，必须将香肠掐头去尾才能放进烤箱。"

经验一成不变就会成为束缚。被束缚的思维是不可能产生创新精神的，也是不会有效落实的。

2. 要善于把新思维和旧形式有机地结合起来

对这种做法，中国人叫"旧瓶装新酒"。

其实，这个词在很多地方都是贬义的。从中国人的传统思维出发，如果你有一种全新的想法或者做法，就应该使用同样新的形式，这样才能"配套"，或者说相称。如果一个新的想法或做法，使用旧有的形式，在中国人看来，就是驴唇不对马嘴，不伦不类。

这是一种误解，一种出于常规思维的误解。所谓"新事物"，不一定非要彻头彻尾都是新的，只要其中包含着创新的成分，就是新事物，所以，旧瓶装新酒，是十分正常的，很多中国人不懂得这一点，所以往往屈从于常规的"旧瓶"——他们把精力都放在如何把“旧瓶”换成“新瓶”的问题上，而忽略了“旧瓶装新酒”的可行性。

克拉伦斯·伯德恩埃旅行到加拿大时，看到有些鱼在天然条件下封冻并解冻，他从大自然中得到启发，这就产生了冷冻食品工业。在某一个制笔行业里，一个聪明人认识到，只要是有笔的地方，就一定要有墨水，那么为什么不把两者结合起来呢？结果自来水笔诞生了。

由此观之，所有的新思想，归根结底，都是借鉴于旧思想的，都是在旧思想的基础上添砖加瓦，把它们结合起来或进行修改。如果是偶然做成，人们会说你运气好；如果是有计划地做成，人们便说你有创造性。然而，无论是运气好，还是有创造性，都无法做到制造出“全新”的事物，很大程度上，都要借助旧思想、旧事物，这就是所谓的“旧瓶装新酒”。

3. 学会乐于接受各种新创意

为了激活我们的创造力，我们一定要摆脱一些守旧观念的束缚，最好永远不要说“办不到”“没有用”之类的话。另外我们还要有实验精神，你可以去尝试新的餐馆、新的书籍、新的戏院以及新的朋友，或者采取跟以前不同的上班路线。

如果你从事销售工作，就试着培养对生产、会计、财务等的兴趣，这样会扩展你的能力。要明白进步本身就是一种收获，一般有重大成就的人都会不断地为别人和自己设定较高的标准，不断寻求增进效率的各种方法。“以较低成本获得较高的回报，以较少的精力去做较多的事情”。

通常，破除思维定式，激发创造性思维，从原有的框框里跳出来大约要经过 5 个步骤：

（1）原始的观念。当你遇到一个问题要解决或有一件事要做；你想学习另外一门课程；你想改变一下自己的穿着风格；

或者你想把学校里的不合理的制度做一下改进，等等。这些都属于最原始的观念。

（2）**预备阶段**。你可以尝试搜索做成一件事的所有可能的方法。然后尽可能多地收集与之相关的资料，到图书馆阅读有关书籍，与别人交谈、和别人交换想法，提出问题等等。时刻准备去接受新东西，这些都是开动我们想象力的跳板。

（3）**酝酿阶段**。这一阶段属于潜意识自由活动的阶段。你可以尽情地放松，比如，出去散散步，晒晒太阳，睡个午觉，洗个热水澡，做做其他的事情或打一会儿球，把问题留到以后再解决。

（4）**开窍阶段**。这是创造过程的最高阶段。眼前忽然闪现

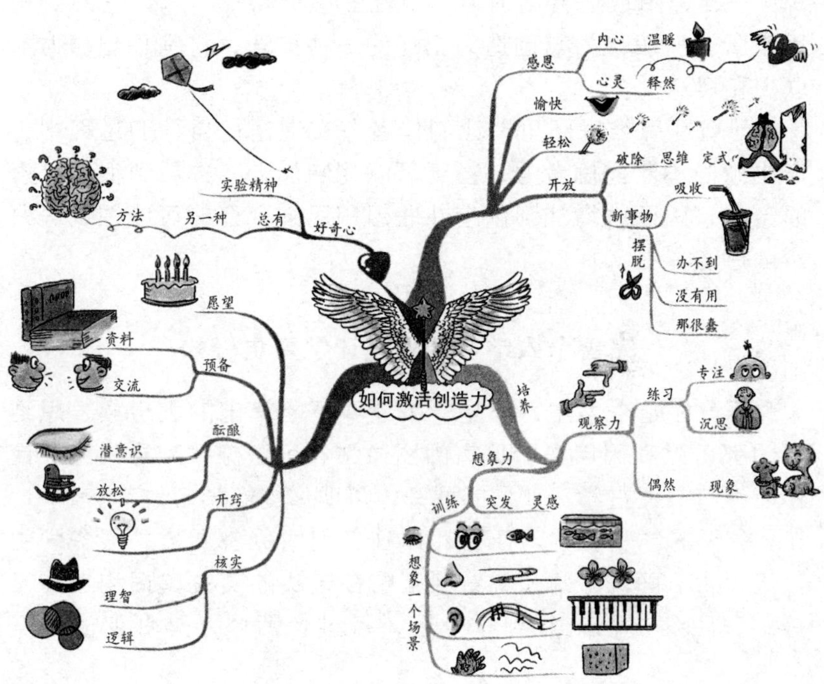

一盏明亮的灯，一切东西都突然变得井井有条。查尔斯·达尔文一直在为进化理论收集材料，突然有一天，当他坐在马车里旅行时，这些材料都突然一下子融为一体了。

达尔文写道："当解决问题的思想令人愉快地跳进我脑子里的时候，我的马车驶过的那块地方我还记得清清楚楚。"开窍是创造过程中最令人兴奋和愉快的阶段。

（5）核实阶段。不管你有多么聪明，有时处于开窍阶段得到的启示可能根本不可靠。这时便要发挥理智和判断的作用。你忽然闪现的灵感要经过逻辑推理加以肯定或否定。你要跳出来尽可能客观地看待你的设想。多征求别人的意见，听听别人的看法，对这出色的设想加以修正，使之趋于完善。而且经过核实，你往往会得出更新更好的见解。

思维导图很适合创造力发散性的思维特点，因为它本身利用了所有一般认为与创造力相连的一些技巧，特别是想象力、联想和灵活性。

创造性思维导图可以让制作者在实现自己目标的过程中，产生源源不断的思考力，甚至可以让制作者一次看到很多因素的全景，因而就增加了创造性联想和思维整合的可能性，导致新创意的产生。

完善个人学习计划，让学习更轻松

不管你是个学生，还是一个需要不断充电的上班族，思维导图都可以利用自身所具有的图像性、可联想性和易沟通性使你能够有效促进学习计划的展开，帮助你提高学习效率。

今天的学生，学习压力比以往任何时候都要大，很多学生每天早上一睁开眼睛，就看到张贴在床头的英文单词和突击目标；早上匆匆忙忙赶到学校后，各科老师像走马灯似的在学生们的眼前晃悠，这些老师好像生怕自己抢不到给学生上课的时间。

学校一天紧张的学习结束后，学生们还要上晚自习，晚自习结束后，回到家一般都比较晚了。于是，有不少同学抱怨，已经搞不清这大千世界的无数种色彩都藏哪里去了，怎么满本的笔记都是黑黑白白、蓝蓝白白或是蓝黑加白的世界呢！

无论是英语单词，还是诗词古文、公式公理……充斥了大脑的每一个角落。甚至有些学生感觉自己突然老化衰退了；有的学生说，自己刚刚想要做但还没有做的事情，现在已经想不起来了；有的一想到明天那些左一项、右一项的学习任务，头脑都要炸了，最后干脆来了个“死机”——大脑里的屏幕变成一片空白。

其实，不仅学生有这种状况，所有学习或工作压力大的人，都会出现这种脑力“透支”的现象。一位刚参加工作 3 年的小伙说：“我现在对小时候的事记得很清楚，对刚刚发生的事反而记不住——上周六听完培训课，刚过了一天，周一就已经想不起来老师讲的很多内容了……”

面对这些学习和工作压力，无论学生还是上班族都有应付不尽的感觉。这时，如果运用思维导图来制定学习和培训计划，也许事情就会是另一个样子。

运用思维导图可以进行学习规划，比如订立学年计划、学期计划、月计划、周计划，具体到订立每天的学习计划。它可以让学习者随时了解学习情况，跟进学习进度，灵活运用学习方法，并且可以根据实际情况需要随时做出相应调整，从而做到合理安排时间，提高学习效率。

有一个中学生接触思维导图之前，学习成绩不理想，学习目标不明确，每天虽然忙得焦头烂额，但成绩一直提升不上去。后来，经过一段时间思维导图的学习之后，发现受益很多，成绩在稳步上升。

下面就是这位中学生利用思维导图制订的学习计划，他围绕学习中心，画出了四个学习分支，并据此进一步发散。

大致步骤如下：

（1）确定关键词。在白纸中心写出，最好用图表示；

（2）分支一：首先进行自我分析，包括学习特点、学习现状等；

（3）分支二：学习目标方面，主要考虑目标要适当、明确、具体；

（4）分支三：时间安排方面，考虑科学性，突出重点，脑体结合，文理交替，有机动时间；

（5）分支四：其他方面注意事项以及必要的补充、说明等。

一个好的学习计划是实现学习目标的前期保障，一个完善的成熟的学习计划能提高学习效率，减少时间浪费，甚至直接

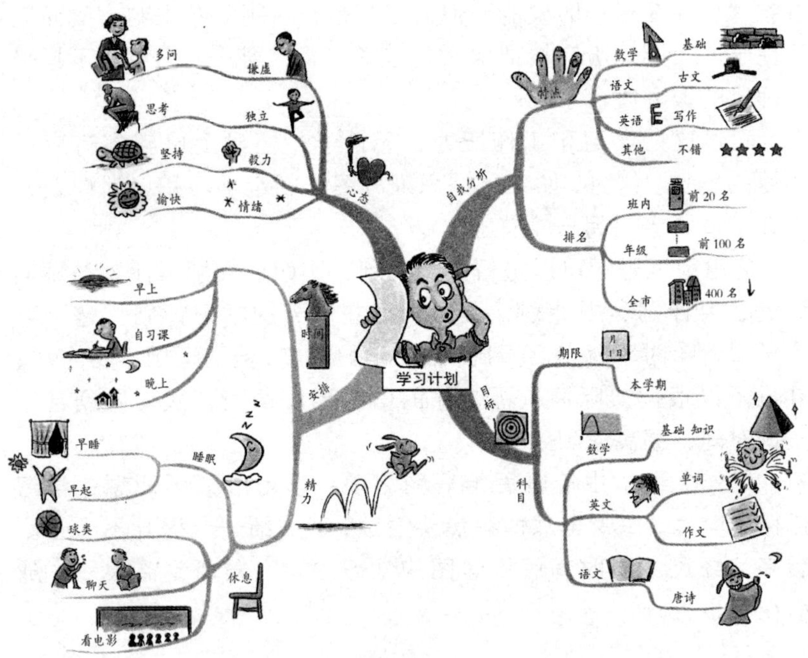

提升自信心。

如果你在学习方面也有不满意的地方，不妨试着绘制一幅属于自己的学习计划思维导图。思维导图绘好以后，把它贴在显眼的位置，然后执行下去。

其实，用思维导图制订学习计划很灵活，你可以根据实际情况用自己的方式方法灵活调整，富有个性化，注重效果。

最后，还是那句话，制订并完善了自己的学习计划，一定要彻底执行下去，这样才能见到学习效果。

语文积累词语的 5 种方法

积累词语，是学好语文的有效手段，积累更多的词语，可以多阅读，多摘抄，具体说来，我们可以从以下几方面着手，扩大自己的词汇量：

首先来看一幅思维导图：

从思维导图中我们可以看出积累词语的 5 种方法：

1. 从课文中积累词语

课文中有许多规范、优秀的词语可供我们学习、积累。我们在学习一个单元后，可把所学的词语收集整理一下，挑选最好的分门别类地收入词语卡中。这样，复习课文和积累词语两不误。

2. 从课外读物中积累

大量的课外阅读是同学们积累词语的重要来源。因此，我们不仅要搞好课外阅读活动，而且要从课外读物中摘抄词语。特别是遇到不懂的词语，千万不要放过，要真正弄明白为止。

平时多读一些经典的童话、故事、诗歌和优秀的作文集，以及报纸杂志等，边读边记录，把课外书中优美、动人、富于时代感的词语坚持不断地记录下来，天长日久便可积少成多了。

3. 利用工具书积累

《现代汉语词典》《成语词典》《新华字典》《分类成语词典》等工具书是规范语词的专门书籍，都是我们参考的重要工具书。

4. 从日常生活中积累词语

生活是写作的来源，在日常生活中，我们会接触到各种各样的人，他们在日常生活中往往会有些新鲜、别致、富有创造性的口头语。这些语言是书本中难以觅到的。因此，多留心人们的言谈也是积累词语的一个好方法，将这样的语言应用于作文中，会使你的作文富于生活气息和创造性。

5. 在使用中积累

积累的目的是为了使用，平时回答问题、与别人谈话或作文时，要尽量运用已掌握的词语，这样才能达到巩固的目的。

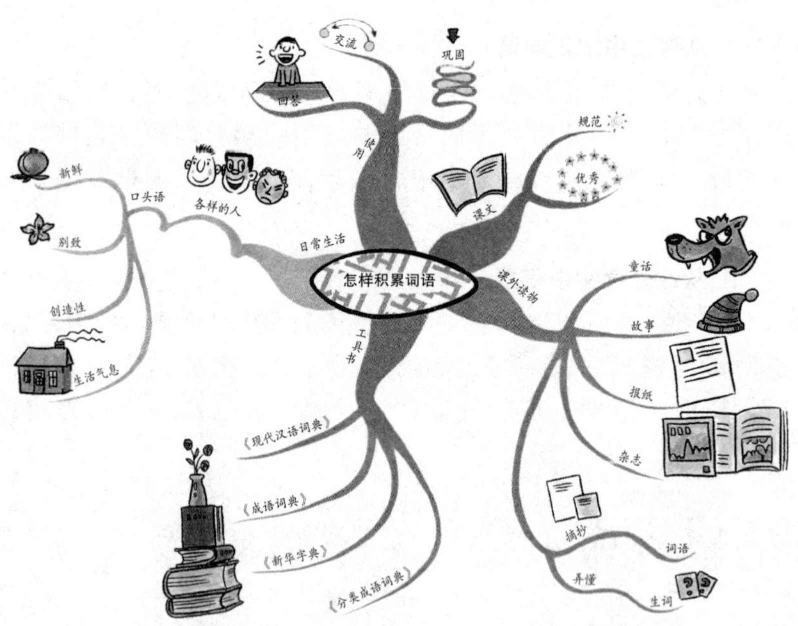

4 妙招背课文一步到位

对很多学习者来说，背诵并不是一件令人头疼的事，而是有技巧可言：

1. 尝试回忆法

即在背记过程中，试着合起书本，背完后与课文对照，让背诵一步步达到成熟的地步。

2. 化整为零

先把课文分成几个段落来背诵，把每个段落背诵熟练，然后合起来背诵整篇课文。

3. 眼口手并用法

背诵过程中，通过手写、眼睛集中注意力、口读的方式达到快速背诵的目的。

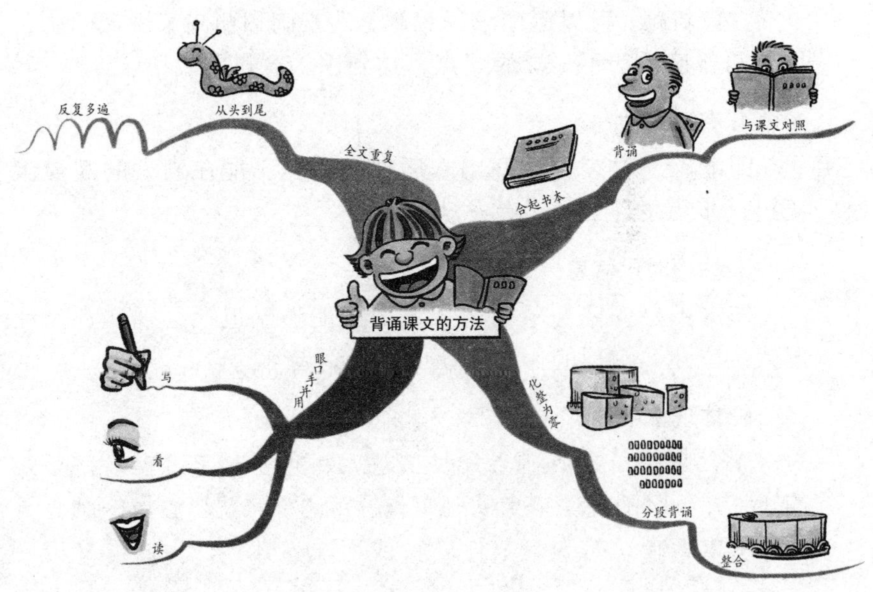

4. 全文重复法

当背诵一篇短文或一首古诗时，可以从头到尾、反复多遍背诵。

作文立意把握 6 大特性

好的作文立意可以从 6 个方面体现出来：

1. 有创造性

如今的作文，对文体的限制性越来越小，我们发挥的空间也越来越大，每个人都可以充分发挥自己的创造性，以赢取作文的高分。

2. 体现人情味

正所谓以“情”动人，这也说明，只有真情实感才能打动别人，在作文写作中，千万不要虚构情感，只有发自内心的真实感受才是最可贵的。

3. 有新颖性

立意新颖，可以运用求异思维，从方向和侧向来思考问题，提出与普遍看法不一样的观点，达到出人意料的效果。

4. 有深刻性

即能够通过表象挖掘出本质性的东西，能在别人的观点上更进一步，发现别人没有发现的东西。

5. 体现时代气息

作文不是凭空想象的结果，如果能够贴近社会现实，关注时代的变化，这样的作文往往更能受到老师的青睐。

6. 体现集中性

立意切忌面面俱到，分散主题。好的立意应该集中在某一点上，并可以围绕这个点展开写作。而这个点就是立意的圆心。

积累剪报，是提高写作的有效手段，其实，写好作文贵在

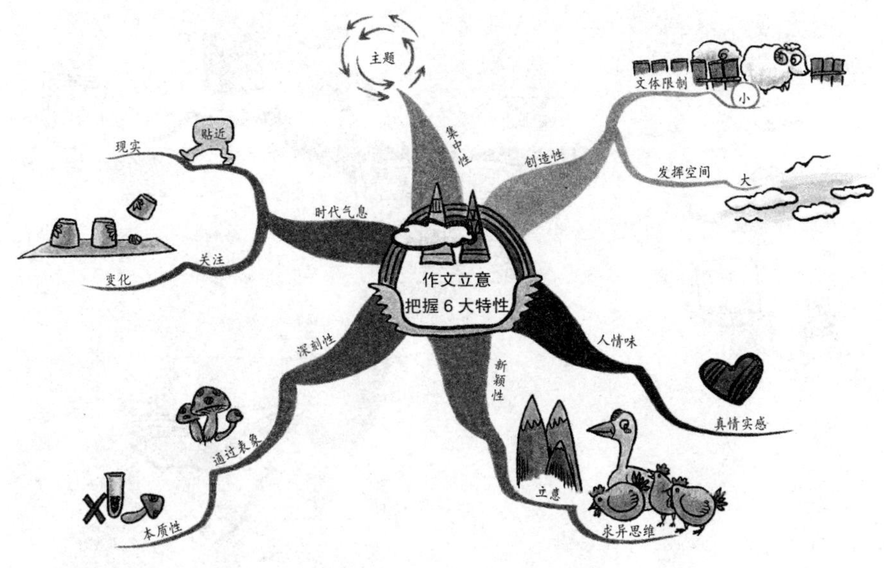

平时多积累、多练笔，不断地积累自己的财富，经常阅读思考，并把看到的东西运用到平时的日记和作文中，这样作文才能有很大的提高。

主要做法有以下3步：

（1）买一个笔记本。

注意的是，笔记本的前几页空着不写，作剪辑文章的目录。

（2）积累的剪报要经常翻阅。

把报刊和杂志上的精彩文章剪辑后，进行归类整理，并经常拿出来欣赏阅读，有效积累自己的素材。

（3）列一个练笔的小专栏。

可以列举一些比如妙语连串、随笔、写景等小专栏，并在旁边留一个空白，平时看到或者赏析到此，可随手写下自己的感受，或者仿照剪辑的文章自己也随手发挥一下。

总之，语文知识的学习重在积累。剪辑报刊和杂志既能积

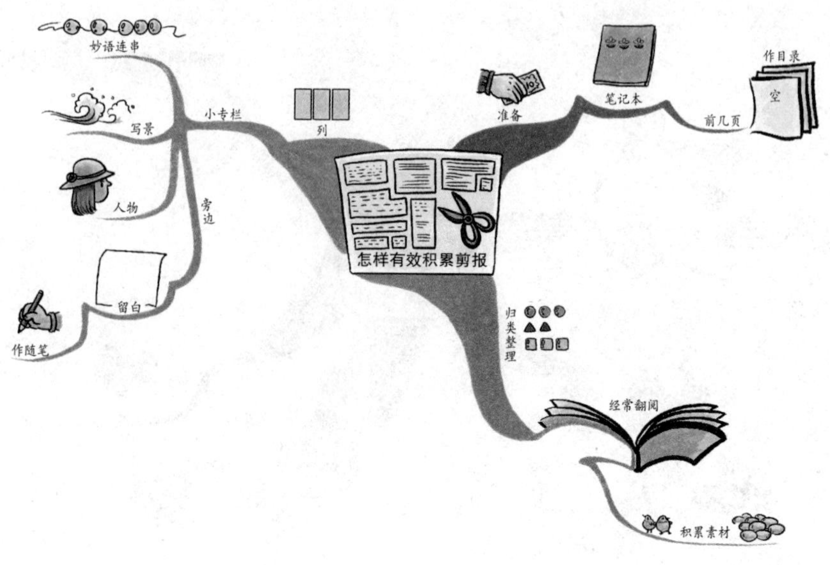

累素材，又能提高本身的文化涵养，还能为作文很好地服务，何乐而不为呢？

高分发散思维能力的 3 个步骤

在学习的过程中，如果想让自己拥有杰出的发散思维能力，我们可以按照以下几个步骤进行练习：

1. 学会充分发挥自己的想象力

每个人的想象力和思维能力是紧密相连的，我们在思维时，可以用丰富的想象能力，来拓展我们的思路，从而摆脱固有的束缚。

比如，在生活中，我们可以尝试进行大量的阅读，广泛地吸收各种知识。比如，读一部好的历史小说或科幻小说，将自己沉浸在另一时空中等都是发挥想象力的方法。

2. 不要过分紧张

进行发散思维训练时，应该处于一个安静的环境，避免不必要的打扰，同时，拥有一份放松的心情也很重要，即不要让自己感觉到很紧张。

3. 要掌握发散思维的方法

当我们思考问题时，不要从单一的角度进行，应该调动自己的逆向思维，学会多角度、多方位、多层次看待和解决问题。

发散的角度越多，越利于我们对问题的分析和把握。

综合以上 3 种方法，并结合思维导图学习法，定能训练好我们的发散思维。

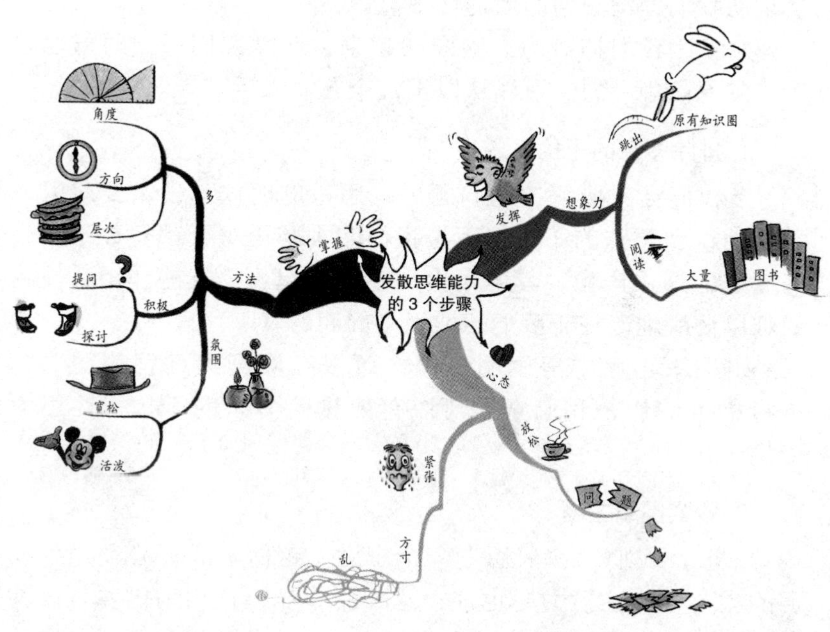

4种方法帮助我们启动思考

生活中，很多人认为思考本身是很乏味的、抽象的、让人迷惑的，这与使人昏昏欲睡的认识不无关系。那么，思维导图在帮助并启动我们思考方面就显示出了特有的魅力与价值，成了帮助我们理清思路的创造性工具。

为了让我们神奇的大脑转动起来，保障我们每天顺畅地思考，并提高思考力，可以从以下几个方面入手。

1. 排除多余的干扰

当我们针对要解决的问题进行思考的时候，一定要避免不受其他次要想法的干扰，因为我们的大脑里每天都有数千个一闪而过的想法产生，其中很大一部分会起到干扰的作用，使我们难以清醒地专注于我们想要思考的问题。

如果采用思维导图的形式，可以在罗列关键词的同时，进行相互的比较和筛选，可以有效排除多余的干扰，让思考更集中。

2. 紧紧围绕主题

一般，我们一次只思考一个主题，这时，我们必须命令我们的大脑集中注意力。也许，这种命令在起作用前需要几分钟时间，需要我们耐心地帮助我们的大脑关注于我们思考的主题。

这样做的好处是，可以迅速激活我们的大脑，使它运转起来，获得我们想要的想法。

这个思考的主题可以作为思维导图的关键词放在节的中心位置。

3. 关心一下自己的感受

如果当你绞尽脑汁，还是很难围绕所要解决的问题启动思考时，那么，你可以尝试着关注一下自己的内心感受，把这些感受写在思维导图上。问问自己在思考过程中，产生了什么感受，并顺着这些感受展开与内心的对话，说不定会瞬间打开思路，获得意外的惊喜。

4. 养成随时思考的习惯

当思考成了一种习惯，无疑会对你有很大的帮助。让大脑经常处于工作状态，很容易发动你的思考过程，获得解决问题的有效方法。

平时，借助思维导图，你可以对身体发生的任何事情随时

随地进行评价、质疑、比较和思考。利用思维导图无限发散的特性，可以让思维更清晰有力，哪怕是胡思乱想，也会为你所关注的问题找到满意的答案。

以上几种方法可以帮助我们训练思考。只有当我们的思考借助思维导图，并与思维导图完美地结合在一块的时候，才会更容易帮助我们获得源源不断的想法，这些想法不仅新奇而且富于创造力。

现在，请你针对如何启动自己的思考画一幅思维导图。

3 招激活思维的灵活性

灵活思维的好处是，当我们遇到难题时，可以多角度思考，善于发散思维和集中思维，一旦发现按某一常规思路不能快速达到目的时，能立即调整思维角度，以期加快思维过程。

激活思维的灵活性，可以从下面 3 个方面入手：

1. 培养迁移能力

迁移，是指一种学习对另一种学习的影响。

我们更多地要用到的是知识迁移能力，即将所学知识应用到新的情境，解决新问题时所体现出的一种素质和能力，形成知识的广泛迁移能力可以避免对知识的死记硬背，实现知识点之间的贯通理解和转换，有利于认识事件的本质和规律，构建知识结构网络，提高解决问题的灵活性和有效性。

思维的灵活性主要体现在解决问题时的迁移能力上，必须有意识地去培养自己的迁移能力，从而能够灵活地解决学习中的一些问题。

语文学习中，常常能遇到写人物笑的片段，比如《葫芦僧判断葫芦案》中的“笑”，《红楼梦》第四十四回中每一个人的“笑”，《祝福》中祥林嫂的“三笑”，各自联系起来，分析比较，各自表现了人物的什么个性，同时揭示了什么主题等等。

通过这种训练，可以使分析作品中人物的能力和写作中刻画人物的水平大大提高。

2. 利用“一题多解”

这种方法在数学学习中经常使用，对“一题多解”的训练，是培养思维灵活的一种良好手段，这种训练能打通知识之间的内在联系，提高我们应用所学的基础知识与基本技能解决实际问题的能力，逐步学会举一反三的本领。

学会“一题多解”的思维方式，可以训练思维的灵活性，使自己在思考问题的起点、方向上及数量关系的处理上，不拘泥于一种方式，而是根据需要和可能，随时调整和转换。

3. 大量阅读不同体裁的文章

文章是作者进行创造性思维的成果。一篇文章的创造性，主要体现在它的构思和语言的运用上，体现在文章的思想观点和表达方式上。

不同体裁的文章，也各有各的特点，就是同一体裁中的同一内容的文章，风格也是各异。在阅读文章时，善于发现它们的不同，善于吸取它们各自的特点，对于训练自己的思维是有益的。

总之，多读各种不同的文章，既可以获得知识，又可以获得思维和写作的借鉴，可以从比较中学习到从不同角度观察事物、思考问题的方法，从而培养思维的灵活性。

培养思维的灵活性，要学会从不同的角度、不同的方向用多种方法来解决问题。要培养思维的灵活性，就要多动脑筋，加强学习，在实践中探索新思路、验证新方法，并及时总结、改进，就一定能增强思维的灵活性，搞高思维的应变能力。

针对3种行之有效的激活思维灵活性的方法，用思维导图

表示如下：

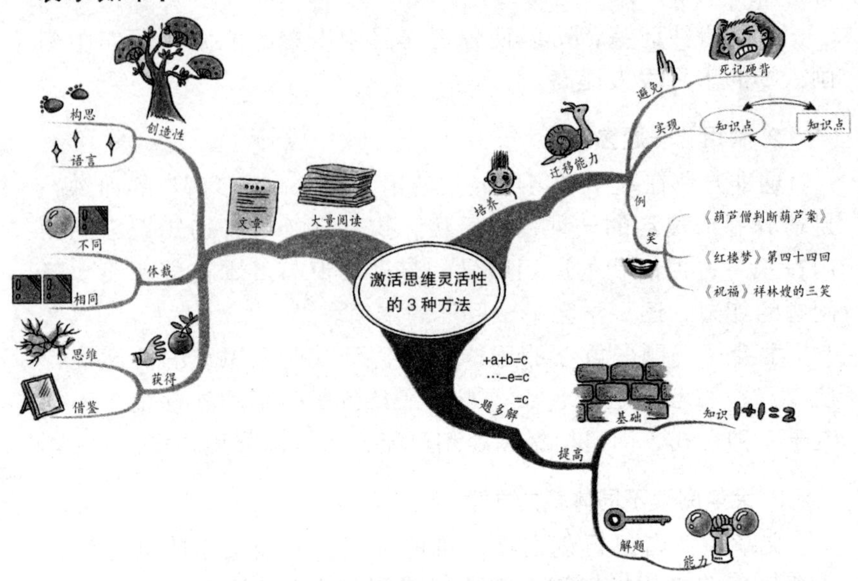

5 步让我们克服骄傲的毛病

学习中有一些人不能正确对待荣誉与成绩，有的拔尖逞能，有的盲目自满，有的沾沾自喜，有的把集体的成绩看成是个人的，有的瞧不起同学，等等。

这些骄傲自大的不良习惯，最终会影响自己的不断进步，甚至使自己脱离同学，脱离集体，失去目标，成为一个自私自利的小人。而当今社会对我们的要求是，要想取得学习上的高分，成就事业，就必须首先学会做人。因此我们应从小培养谦逊的品格使自己形成戒骄戒躁的良好习惯。

那么，怎样培养谦虚的习惯呢？

首先学习这幅思维导图：

由图，我们可以看出，培养谦虚的好习惯有 5 种好方法：

1. 认识骄傲的危害

盲目骄傲自大的人就像井底之蛙，视野狭窄，自以为是，严重阻碍了自己继续前进的步伐。由于骄傲，你会拒绝有益的劝告和友好的帮助。而且由于骄傲，你们会失掉客观的标准。

骄傲是对自己的片面认识，是盲目乐观，常会让人不思进取。应该培养自己的自信心，但不能滋长骄傲自满的情绪。

2. 全面认识自己

骄傲的产生往往源于自己的某方面特长和优势，应该先分析这种骄傲的基础：是学习成绩比较好、有某方面的艺术潜质，还是有运动天赋，等等。然后应认识到，自己身上的这种优势只不过限定在一个很小的范围内，放在一个更大范围就会失去这种优势；正确的态度应该是积极进取，而不是骄傲懈怠；并且优势往往是和不足并存的，同时应该努力弥补自己的不足。

另外，应该开阔胸怀，走出自我的狭小圈子，到更广阔的地方走走，陶冶情操，了解更多的历史名人的成就和才能，以丰富的知识充实头脑，让自己变骄傲为动力。

3. 正确面对批评建议

批评往往直指一个人的缺点，如果一个人能够接受批评，

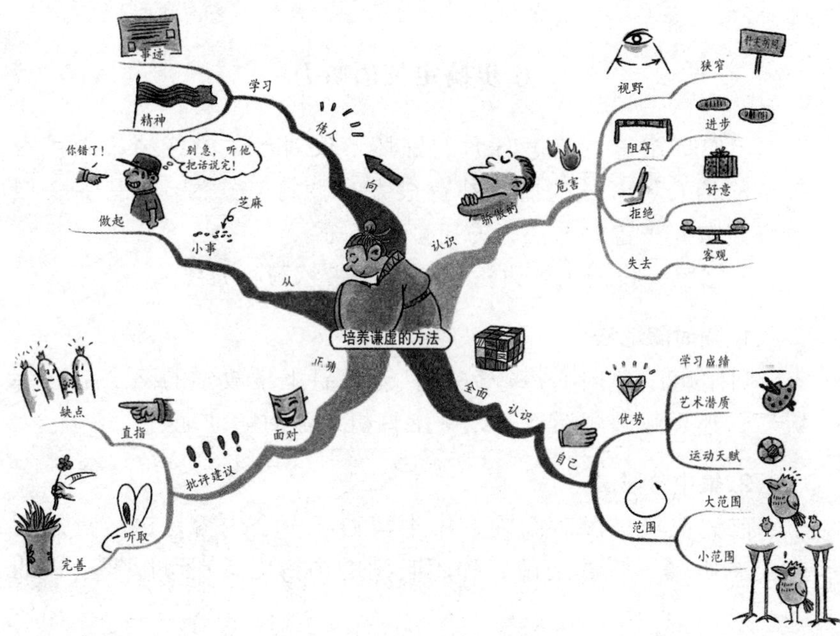

他就能够比较清楚地看到自己的缺点。对于我们来说，在评论自己时常会出现偏差，原因是“不识庐山真面目，只缘身在此山中”，若能经常听取别人的意见或建议，就能不断充实和完善自己。

谦虚不仅是一种美德，还是你无往不胜的美德。养成无论在任何时候都保持谦虚温和的良好习惯，是丰富和完善人生的一种要求。让我们永远做一个谦虚的人，一个学而不厌的人吧。

4. 从小事做起

戒骄戒躁、谦虚的习惯要从小事中培养，比如取得好成绩或得到别人的夸奖，都不应该骄傲，谨记“谦虚使人进步，骄傲使人落后”的座右铭。

5. 多向伟人学习

古今中外许多伟人都是十分谦虚的，像马克思等。可以向老师、家长请教这方面的事迹，也可以自己读一些这方面的故事，并时时提醒自己要向这些伟人学习。

6 步搞定英语听力

我们都知道，英语听力的好坏不仅对考试的成绩，而且对考试的信心、考试的情绪都有很大的影响。虽然多听有益，但也应该掌握一定的方法，方可取得高分。

在这里，我们主要讲怎样利用磁带练习听力：

1. 随时随地法

利用可以利用的每一分钟，无论是上学放学的路上、茶余饭后，还是睡前醒后都可以戴上耳机，随时随地地听。

2. 集中分段法

首先在某一段时间内，集中精力听一个内容，这一盘录音带没有听懂、听熟之前，先不听别的内容。其次可以把一天的时间分成若干段，每一段听不同的内容。

3. 先慢后快法

刚开始练习听力的时候，可以先听语速慢的录音带。然后再过渡到语速快的录音带。

4. 先中后外法

我们可以先听中国老师录的录音带，然后再过渡到外国人录的录音带，因为中国老师的录音我们听起来会更容易接受，可以看作是一个很好的过渡。

5. 词汇过关法

听录音带时，要听课文，也要听词汇。有时，听词汇比听课文更重要。如果每天都要听一遍中学课本的词汇册，时间一久，在脑子里就形成了“听觉记忆”，以后碰上听过的词，脑子里一下就能反映出来。就如同看熟了的电影，听了上句，都知道下句是什么是一个道理。

6. 自录自听法

通过这种方法可以检查自己的弱点，也可以借此增强自己的自信心。同时，还可以借此添上一点趣味性的东西。

综上，绘制如下思维导图（附 176 页）

有效听课应注意的 8 个细节

高效的学习者听课都有一个特点，那就是“听课要听细节”，具体可见下图：

由图可知，有效听课的 8 个具体细节为：

1. 留意开头和结尾

老师在讲课时，开头一般是概括上节课的要点，指出本节课要讲的内容，把旧知识联系起来的环节，要仔细听清。老师

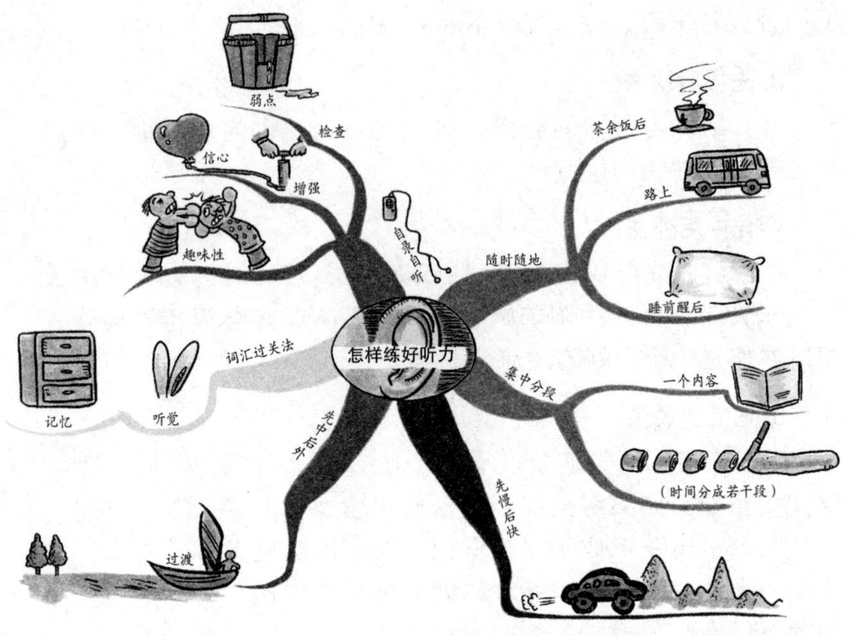

在每节课结束前，一般会有一个小结，这也是听课的重点所在。

2. 留意老师讲课中的提示

我们在听课中，经常能听到老师提示大家："大家注意了""这一点很重要""这两个容易混淆""这是不常见的错误""这些内容说明""最后"等等字眼，这些词句往往暗示着讲课中的要点，应该给予足够的重视。

3. 学会带着问题听课

善于学习的人几乎都有一个好习惯，即他们善于带着问题去听课。听课不是照搬老师的讲课内容，而应积极思考，学会质疑，解决困惑。带着问题去听课可以提高注意力效率，可以在听课的时候有所选择，大脑也不容易感到疲劳，不仅听课效率高而且会更轻松。

4. 留意教师讲解的要点

听课过程中，我们应该留意老师事先在备课中准备的纲要是什么，上课时，老师是怎样围绕这个提纲进行讲解的。我们在力求抓住它、听懂它、理解它的同时，还可以通过听讲、练习、问答、看课本、看板书等途径，边听边明确要点和纲要，弄懂知识的内在联系。

5. 留心老师分析问题的思路

各学科知识之间都有前因后果、上关下联的逻辑关系，有时可以相互推理，思路互通。比如一个定理、一条定律、一道习题，都有具体的思维方法，我们用心留意老师分析问题的思路和方法，仔细揣摩，就能轻松获得灵活的思维能力，越学越出色。

6. 留意老师的板书归纳和反复强调的地方

不言而喻，反复强调的地方往往是重要的或难以理解的内

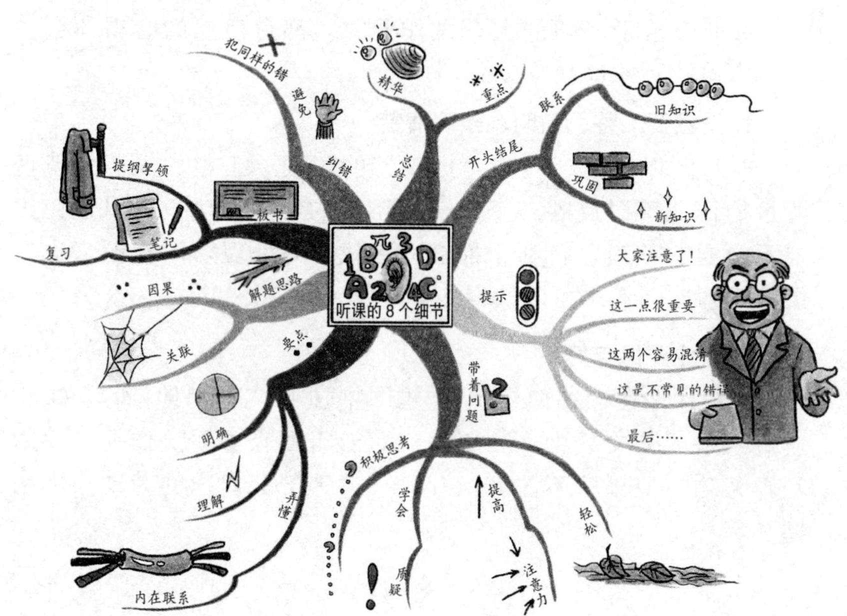

容，板书归纳不仅重要，而且是具有提纲挈领的作用。要注意在听清讲解、看清板书的基础上思考、记忆，并且做好笔记，便于以后重点复习。

7. 留心老师如何纠错

每个人都有做错题的时候，当老师在为同学纠错的时候，不管是你做错的题或者是别人做错的题，你都应该留心。如果你能对这些容易做错的题保持足够的警惕，那么以后就能有效地避免犯同样的错误，千万不要以为别人做错的题与你无关。

8. 留意老师对知识点的概括和总结

几乎每个老师都会在上完一堂课或讲过某些知识点之后进行概括和总结，这些“总结”是课堂知识的精华，也是考试的重点，应该好好理解和掌握。

做好作业有 6 项注意

每一个善于学习的人在做作业时，都有自己的心得体会，一般而言，需要注意 6 个方面：

1. 作业要工整、简明、条理清楚

平时做作业时，应当养成良好的习惯。工整、简明、条理清楚的作业可以反映一个人一丝不苟的学习态度，可以避免出现不必要的差错，有利于检查时查找；另外复习时看起来也方便；老师批阅起来可以快得多。

2. 作业要保存好

如果你能按照知识系统，定期将作业分门别类地保存起来，放进卷宗或公文袋中，到复习时可随手拿来参看。作业是平时辛勤劳动的成果，不注意保存好，就等于把自己的劳动果实丢掉了。

3. 作业要独立完成

每一个高效的善学者都会自己独立完成作业。做作业的目的是巩固、提高和扩展所学知识，培养分析问题和解决问题的能力。课堂作业和家庭作业都是学习过程中必不可少的重要环节。如果不是自己独立完成作业，就难以发现学习中的薄弱环节和不足之处，容易养成依赖心理和投机取巧的坏毛病，当必须自己思考和解决问题时，就会不知从何下手。

4. 不拖沓作业

善学者从不会为每天大堆大堆的作业感到头疼。如果一个学生每天作业拖沓，那就糟了。整天都在应付作业，玩的时间被挤掉了，生活和学习就会变得既劳累又无乐趣。

5. 切忌模仿做题

有一些学生喜欢模仿做题，所谓模仿做题就是指在做题过程中机械地套用老师的解题方法、解题格式，或者机械地套用公式、套用自己以前的解题经验，对做题过程所想到的、所写出的每一句话或者每一步心理活动过程都不明确。总的来说，只是模仿做题对我们收获不大。

6. 不搞题海战术

事实上，很多优等生都不是通过题海战术做出来的。无论在学校还是在家里，经常见到有些同学超负荷地做练习题，漫无边际、毫无目的。大量的练习题只会让我们思维混乱，晕头转向，难以应付。做习题应当有所选择。实际上，教科书上的作业练习和老师补充的练习，加上各级教学主管部门的各种复习材料，已足够学生的习题量了，根本不需要再去到处搜寻。

对此，如何做好作业，需要注意的 6 个地方可用此图表示：

11 种方法正确进行课后复习

在这里，介绍 11 种正确进行课后复习的方法：

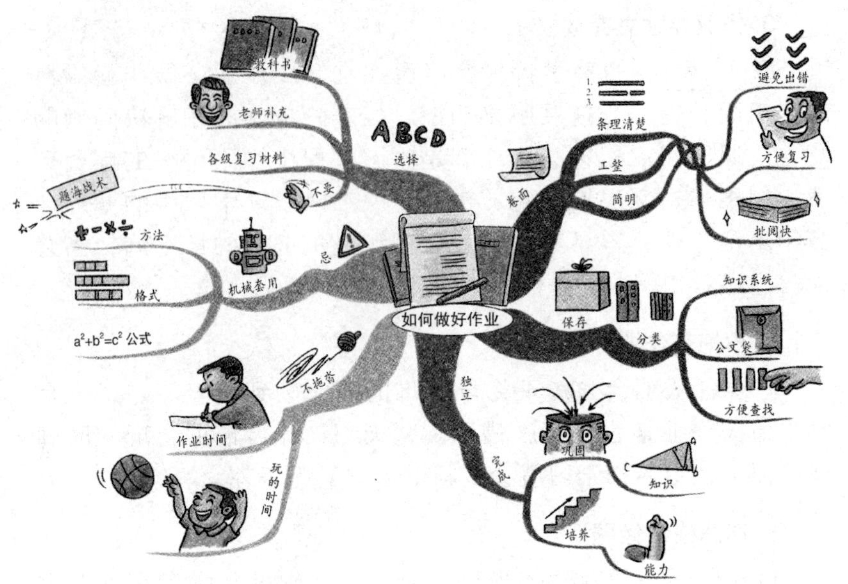

1. 及时进行第一次复习

很多人都有这样的经验，对于刚刚学习过的知识，越早复习记忆越深刻。不论是在课堂上以各种机会和形式进行复习巩固，还是课后的精读、归纳整理、总结概括、研习例题、多做练习等等，都是及时复习的好做法。当天学的知识，要当天复习好。否则，内容生疏了，知识结构散了，就要花更多的时间重新学习。要明白，修复总比重建倒塌了的房子省事得多。

2. 尝试运用回忆

在课后试着把老师所讲的内容回忆一遍，如果记得不清可以随时翻看课本，然后再回忆。如此反复几次之后，才能把提纲编写得准确、完整。这种方法可以加强记忆和理解。

3. 多种感官参与复习

手、耳、口、脑、眼并用的情况下可以增强复习效果，不仅适用于文科类的学习与记忆，同样适合于理科。

4. 要紧紧围绕概念、公式、法则、定理、定律复习

思考它们是怎么形成与推导出来的，能应用到哪些方面，它们需要什么条件，有无其他说明或证明方法，它与哪些知识有联系……通过追根溯源，牢固掌握知识。

5. 复习要有自己的思路

通过一课、一节、一章的复习，把自己的想法、思路写成小结，列出表来，或者用提纲摘要的方法把前后知识贯穿起来，形成一个完整的知识网。

6. 复习中遇到问题要先思考

这样有利于集中注意力、强化记忆、提高学习效率。每次复习时先把上次的内容回忆一下，不仅保持了学习的连贯性，引起对学过知识的回想，而且可以加深记忆的连续性和牢固性。

7. 复习中要适当做一些题

可以围绕复习的中心来选题、做题。在解题前，要先回忆一下过去做过的有关习题的解题思路，在此基础上再做题。做题的目的是检查自己的复习效果，加深对已学知识的理解，培养解决问题的能力。做综合题能加深对知识的完整化和系统化理解，培养综合运用知识的能力。勤于复习，并学会科学地复习，并养成一种良好的习惯。只有这样，我们所学的知识才会更加牢固，以后的学习才会更加轻松。

8. 把知识点做成一张“知识网”

每科知识之间都有关联，如果孤立地去看所学的知识，很难理解透彻，如果能把知识点放在一张“知识网”中去看待，那样就很容易理解和记忆。比如，初中代数重点“分式的运算”，如果联系到小学学过的“分数运算”就能容易搞清楚彼此的联系。

9. 运用“方法”和“技巧”

在复习过程中，要注意总结用过的“方法”和“技巧”，主要体现在思维方法和分析解决问题的思路上，这种思路和方法有可能出现在课本中，也可能是老师的点拨。

10. 交叉复习方法

在复习阶段，可以找一些涉及不同部分知识的综合应用题，交替学习同一科目内的不同部分，通过比较分析，可以加深自己对知识的理解和应用能力。

11. 随时自测，时刻认清自己

自我测验既是一种复习方法，也是我们学习主动性的表现。在学习中养成随时对自己进行自我检测的好习惯，会清楚地明白自己好在哪里，差在哪里，随时有针对性地进行重点复习，以达到事半功倍的效果。

综合以上 11 种高效复习方法，绘制思维导图如下：

解决生活和学习中遇到的困惑

目前，思维导图已经应用于生活的各个方面。在对于帮助自我分析，更深入地了解自己，包括自己的需求、欲望、中长期目标等方面具有很实际的意义。比如，你考虑报某个暑期补习班，确立自己下学期的学习目标，思维导图都可以在很大程度上帮助你理顺想法、明晰思路。

在自我分析方面，如何正确地了解和评估自己呢？

一般，对自我的认识包括对生理、心理、理性、社会自我等几个部分的认识。生理方面，主要是指对自己的相貌、身体、服饰打扮等方面的认识；心理方面，主要指对自我的性格、兴趣、气质、意志、能力等方面的优缺点的评估与判断；理性方面，主要是指通过社会教育和知识学习而形成的理性人格，如对自我的思维方式和方法、道德水平、情商等因素的评价；社会自我认识，主要指对自己在社会上所扮演的角色，在社会中的责任、权利、义务、名誉，他人对自己的态度以及自己对他人的态度等方面的评价。

这些自我认识都可以在思维导图上表现出来。

画图之前，需要你拿出一张白纸来，在白纸中心画一个中央图像代表自己，然后由这个中心图像向四周发散，并根据生理、心理、理性、社会自我四个方面，联想与自己相关的所有属性，并将你想到的属性与中心连线，比如，你可以参考的属性有：性格、爱好、长处、短处、理想、兴趣、家庭背景、交际圈、朋友圈、长期或短期目标是什么、上大学最想做的事是什么、现在的苦恼是什么、自己最尊重的人，自己需要为父母做到什么等等的方面。

你在列出这些属性的同时，也可以给出该属性的具体表达，如性格后面标上“开朗”等等。

由于思维导图可以对你的内在自我做一个全面的综合反映，因此，当你获得了比较清晰的反映内在自我的外部形象后，你就不太可能做出一些有违自己本性和真实需求的决定，从而使你避免一些不快的结果发生。

为了避免一些自己不愿意看到的结果出现，最好的办法就是从绘制一幅能够帮助自我分析的“全景图”开始，在这幅图里要尽可能多地包括你的性格特点和其他特征。

我们在做自我分析方面，尽量选择一个比较舒服的环境，最好能对你的精神起到刺激作用，这一点非常重要。目的是使你在做自我分析时达到无所顾忌，做到完整、深刻和实用。

在画图时，不必考虑图面的整洁度，可以快速地画出思维导图，能够让事实、思想和情绪毫无保留并自由地流动起来，如果过于整洁和仔细的话，容易抑制思维导图带给我们的无拘无束感。当然，选择好主要分支之后，你应该再绘制一张更大

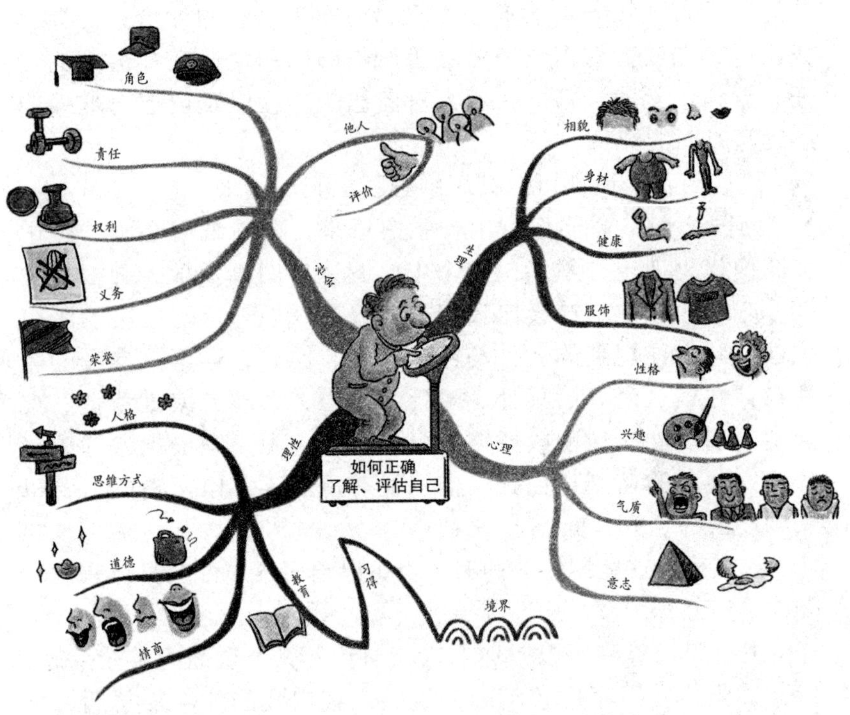

一些、更有艺术气息、更为成熟的思维导图。

最后做出最后的决定，并计划你的下一步行动。

总之，通过绘制自我分析的思维导图，可以帮助我们更清晰地知道生活和学习的重点在哪里，可以使我们获得更多对于自己的客观看法。通过思维导图可以更全面真实地反映个人情况，解决更多的实际问题，从而为下一步决定做好准备。

第三章

高分思维导图的细节

7 招把注意力集中到位

对一个学生来说，没有注意力，就没有学习。对于一个善于学习的人来说，注意力是影响学习效率的最重要因素之一，在学习过程中起着重要的作用。

在这里，有 7 招可以让你集中注意力：

1. 早睡早起，自我减压

正常休息，多利用白天学习，提高单位时间的学习效率，不要贪黑熬夜，累得头脑昏昏沉沉而一整天打不起精神。相信付出就有收获，让心情轻松、保持愉快，注意力就容易集中了。

2. 放松训练法

你可以舒适地坐在椅子上或躺在床上，向身体的各个部位传递休息的信息。让身体松弛下来，同时暗示它休息，然后，从左右脚到躯干，再从左右手放松到躯干。这时，再从躯干到颈部、头部、脸部全部放松。只需短短的几分钟，你就能进入轻松、平和的状态。

3. 积极目标训练法

学会任何时候将自己的注意力集中起来，是一个高效学习者的重要品质。当你给自己设定一个提高注意力和专心能力的目标时，你就会发现，在非常短的时间内，集中注意力就会有很大的改观。

比如，这一年我的目标是什么？这一学期甚至这一周我的目标是什么？我应该完成哪些学习任务？一旦目标明确了，学习的动力就足了，注意力就不易分散了。

4. 培养自己专心的素质

如果想让自己专心致志地学习，首先要有自信心，相信自己可以具备迅速提高注意力集中的能力，只要下定决心，不受干扰，排除干扰，我们就可以做到注意力的高度集中。

5. 感官同用法

训练注意力，同样需要调动多种运动器官来协同活动，在大脑皮层形成一个较强的兴奋中心。如耳听录音带，嘴里读单词，眼睛看课本，手在纸上写单词。这样，注意力自然就不分散了。

6. 排除干扰法

排除干扰法，包括外界的干扰和内心的干扰，有时，内心的干扰比外界环境的干扰更为严重，我们可以通过给内心提示和暗示来训练自己，比如，告诉自己有很多大目标都没有实现，必须集中精力。

还可以试着在没有任何干扰的情况下背诵一段 300 字左右的文章看需要多少时间，然后在旁边有干扰时背这段文章，看需要多长时间，直到在两种环境中时间相同为止。

7. 难易适度法

这种训练方法要求我们，对于那些已能熟练解答的习题不要花太多时间去演算，可以找一些这方面经典性的题目练习。对于难度大的题目，先独立思考，再求助老师、同学或家长。对于不感兴趣难度又比较大的内容，自己首先订好计划，限定时间去学习，就不会松懈拖沓。如果攻克一个难题，就给自己一个奖赏，让成就感来激励自己，从而集中注意力。

以上 7 招集中注意力的方法，结合思维导图绘制如下：

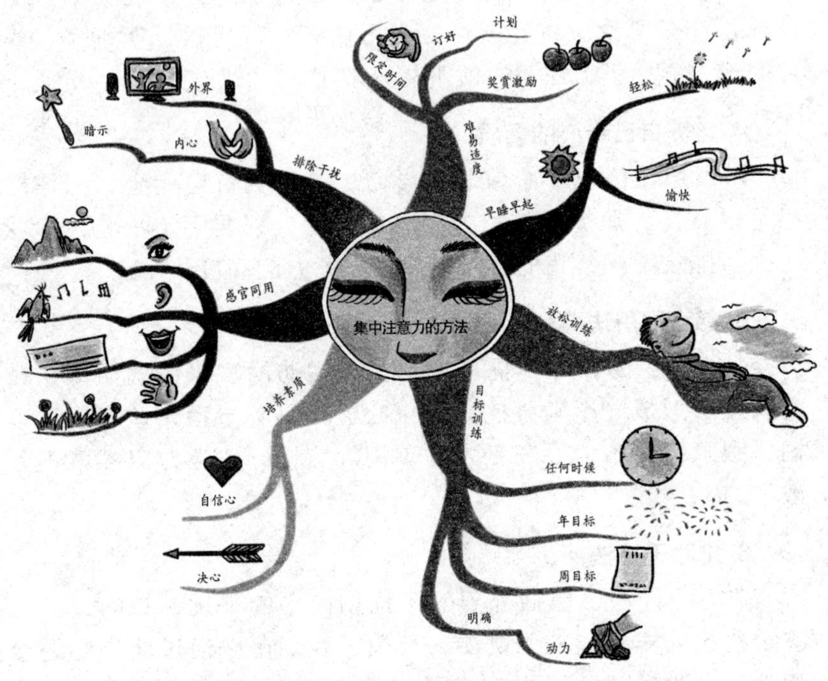

11 步制订完美的学习计划

制订完美的学习计划，共有 11 步。

1. 拥有正确的学习目的

我们学习不是为了别人，而是为了自己，每个人的学习计划，也是为自己的学习目的服务的。拥有正确的学习目的，便可以推动我们主动积极地学习和克服困难。

2. 全面规划学习

很多人都认为，学习计划包括娱乐，甚至还应当有进行社会工作、为集体服务的计划；有保证充分睡眠的时间；有娱乐活动的时间；有课外阅读的时间等等。这样既能保证自己的全面发展，又能保持旺盛的精力，还能使学习生活丰富多彩、生动有趣。

3. 学习计划要从个人实际出发

具体说来，学习计划要切合个人实际情况，目标应合理。在每个学习阶段，能有多少确实可用的学习时间？常规学习时间可以安排多少？自由学习时间可以安排多少？

4. 要科学安排

即科学地安排常规学习与自由学习的时间。常规学习时间用来完成老师当天布置的必须完成的学习任务；自由学习时间用来查漏补缺、课外自学、课外活动，以扩大知识面，掌握学习的主动权。力争做到“时时有事做，事事有时做”。

5. 要长短结合

就是要做到长计划短安排。长计划可以使具体任务有明确的目的，短安排是为了使长计划的任务逐步实现。为了实现总的目标要求，在一段较长的时间里应当有个大致安排，每星期、每天做些什么，也应有一个具体计划。要在晚上睡觉之前就安排好第二天什么时间做什么。

6. 要符合实际

制订计划不要脱离实际，要从自己的实际出发，在正确估计自己的知识与能力、可供自己支配的时间、查清自己知识缺漏的基础上，制订切实可行的学习计划。

7. 要留有余地

把计划变成现实，还要经过一个努力的过程，在这个过程中会遇到千变万化的情况。所以，计划不要安排得太满、太紧、太死，要留出机动时间，目标不要定得太高，以免实现不了。如果情况变了，计划也要做相应的调整，比如提前、挪后、增加、删减等。

8. 要突出重点

学习时间和内容都是有限的，所以计划要有重点，做到保证重点、兼顾一般。所谓重点是指自己的弱科、弱项和知识体系中的重点内容，要集中时间、精力保证重点的落实。

9. 要经常检查

对于我们计划中安排的内容，时常检查一下是否都做了？任务是否都完成了？效果如何？没完成的原因又是什么？要经常对照检查，发现问题及时采取相应措施，或调整计划，或排除干扰计划的因素。

10. 科学地制订学习计划

做好学习计划，可以使学习有明确的目的性，以便合理地安排学习内容和时间，使学习有条不紊，变被动为主动。这不仅可以提高学习的效率，而且还可以使自己养成良好的学习习惯，使勤奋精神落到实处。我们只有按照学习计划坚持不懈地执行下去，才会取得良好的学习效果。

11. 根据各科成绩，合理调整时间安排

一些人在学习过程中，不可避免地会出现个别科目拖后腿的现象，这时就需要在计划安排上有所侧重，在成绩差的科目上多花一些时间。最好是在不影响正常计划的前提下把机动时间用来查漏补缺，每天至少要解决一个问题。

7 招强化抗挫折能力，实现高分

学习是一个不断遭遇挫折、克服困难的过程。为了实现自己的学习目标，取得高分，就需要我们增强自身的抗挫折能力。

具体说来，有以下 7 种办法：

1. 培养自己的抗挫折能力

古今中外历史上，所有为人类做出大贡献的伟人，都经历过无数次挫折，都有很强的抗挫折能力。每当我们遭遇挫折的时候，要学会换一种眼光去看待，学会锻炼自己的意志，让自己一次比一次坚强。

2. 把学习失利当作机遇

我们可以把学习和考试中遇到的失误和失利当成磨炼自己意志的机会，当成增长自己能力的机遇。

3. 时刻充满必胜的信心

一般情况下，当我们遭遇挫折时，情绪难免会失落，这时，你不妨放声高呼几声，比如：“挫折你尽管来吧，我定能战胜你！”同时，面对挫折，不要退缩，要想方设法去寻求解决问题的新途径。

4. 发挥自己的积极主动性

无论是在生活或学习中，我们都应尽可能地减少对老师和父母的依赖，只要是自己能做的事情，就不请别人帮忙和代做。善于调动自己的积极主动性，我们才能主动锻炼自己的意志，

增长抗挫能力。

5. 养成锻炼身体的好习惯

健康的身体是取得好成绩的保证。身体的强弱对学习效果的好坏影响很大。一个身体健壮的人，比起身体羸弱的人，往往可以凭借充沛的精力去克服学习上的困难。

平时，我们应该有锻炼身体的意识，每天坚持做一至两项自己喜欢的运动，长期坚持下去，自然能增强抵抗恶劣环境的能力。对学习中遭遇的挫折，也许就会不以为然了。

6. 平时主动给自己制造难题

日常学习中，可以根据学习进展，不时地给自己制造些难题，设计些困境，以发挥自己的能动性，挖掘自己的学习潜力，从而完善自己的知识结构。

7. 设法多读一些名人传记

名人传记是人类的精神养料。比如，我们熟知的罗曼·罗兰的《名人传》中，曾引用了贝多芬的名言："不幸的人啊！切勿过于怨叹，人类中最优秀的和你们同在。"假如你读过这本书，或许在你感到绝望的时候就会想到音乐巨人贝多芬，在迷茫的时候想到画家米开朗琪罗，在孤独的时候想到托尔斯泰。

阅读名人传记，就像是在和伟大的人对话，除了让我们了解到他们的人生经历之外，也能让我们对比自己，从而清楚地看到，原来自己面临的困难是多么的渺小，只要多一些毅力和耐心，任何困难都将不堪一击。

我们在不断阅读名人传记的过程中，就能感觉到人生就是不断战胜困难、战胜挫折的过程。

其实，像《史记》等历史著作就是很好的人物传记读本，如果是自传性的书，我们尽量选择那些年纪偏大的，对人生有所总结的人的作品，比如季羡林先生的作品就值得一读；如果是给别人写的传记，我们尽量读那些大家的作品，比如林语堂写的《苏东坡传》等。

以上 7 招可以增强自己抗挫折的能力，你是否掌握了呢？为了强化我们抗挫的意识，现以思维导图的形式绘制如下图：

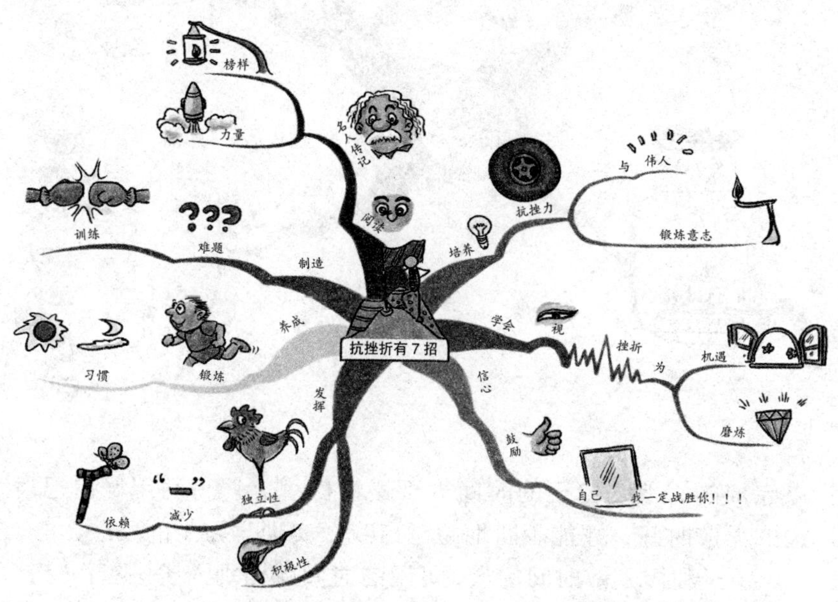

4 种方法轻松管好你的时间

善于利用时间是善学者高效学习的保证。

在学习阶段，大部分的时间是在课堂和自习中度过的，能自由支配的时间很少，在这种情况下，更应学会利用和管好我们宝贵的时间。

下面即是一个管理时间的思维导图：

从图中我们可以看出，管理时间主要有 4 种方法：

1. 充分利用零碎的时间

生命是以时间为单位的，时间就是生命。学习是要用时间

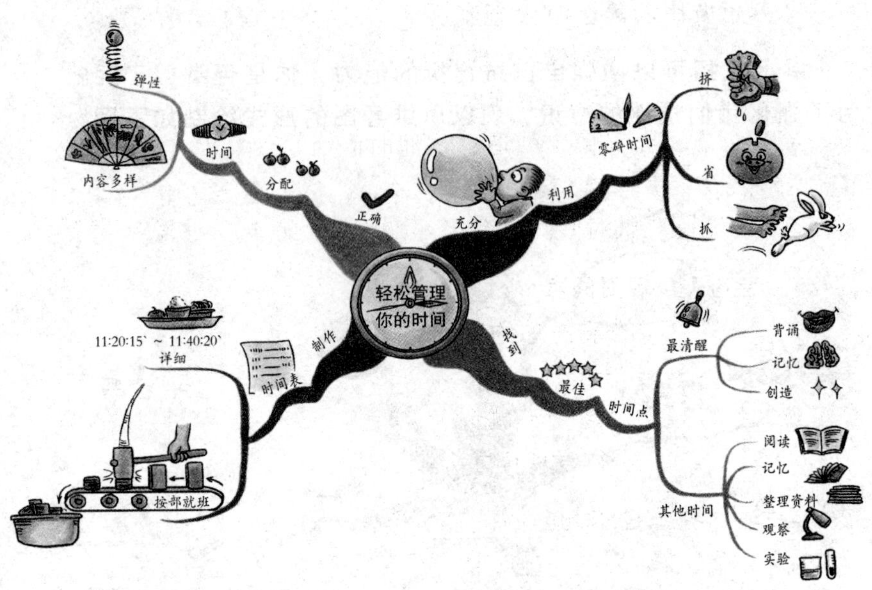

来完成的，浪费自己的时间等于慢性自杀。只有利用好自己身边的零散时间，才能不断地超越自我，实现学习上的飞跃。

善于利用零散时间的人，可用的时间就比别人多。除了“挤”时间，还要善于节省时间，比如一天当中，一定要办最重要的事情；用大部分时间去处理最难、影响最大的事，等等。“挤”时间与省时间的另一个方法是科学利用业余时间。

2. 找准适合自己的最佳学习时间点

一个人一天究竟在什么时间点学习效率最高，这个学习效率最高的点，就是我们要掌握的最佳学习时间点。在学习过程中，我们可以尽量根据个人的生理特点找出可以让学习效率最高的最佳学习时间点，这样才能有助于达到最佳的学习效果。

找准个人学习的最佳时间点，可以充分发挥时间的价值。

你可以根据自己的情况，制订一天的学习计划，比如，什么时间段背诵语文？什么时候想学英语？什么时候阅读最轻松？接下来又干什么，有条不紊。时间长了便自成一种用时节律。

找到适合自己学习的最佳时间点，在头脑最清醒的时间无疑可以用来背诵、记忆、创造；其他时间可用来阅读、浏览、整理资料、观察、实验。

这样合理地安排时间，将会提高你的学习效率。

3. 学会制作学习时间表

制作学习时间表能把你的时间划分得很具体，让你每天的时间井然有序。一个善于学习的人，既不会玩了一天什么也没有干，也不能碰到学习困难就退缩，而应该制定一个详细的时间表，按部就班地执行，那样才会收到事半功倍的效果。

4. 正确分配学习的时间

学习如同练武，一张一弛，也是学习之道。无论做什么事情，都要保持时间运筹上的弹性，这样才能有效率，才能持久。列宁在写给他妹妹伊里奇·乌里扬诺娃的信中说："我劝你正确分配学习的时间，使学习内容多样化。我很清楚地记得，写作之后改做体操，看完有分量的书之后改看小说是非常有益的。"

所以，你在上完理科课之后，可以利用课间休息的时间，掏出英语单词本，读几个单词，不是为了去记忆，而是给头脑换换气，或者掏出一本精彩的小说看一段，也是一种休息。

管理时间是一件很简单的事情，只要你管好了时间，你的学习成绩一定会有很大提高。

做符号笔记的 7 大准则

做符号笔记是很多高效学习者的专长，做好符号笔记能够有效提高学习效率，获得高分。

首先看一幅思维导图：

从图中可以看出，做符号笔记需要注意 7 大准则：

1. 不要贪多

如果一下子在笔记上做很多符号，一定会增加记忆负担，

甚至影响思维，所以，应该少做些记号，但也不能少到复习时不知道哪些是重点。

2. 简洁明了

在一些虽间断但有意义的短语下划线，而不要在完整的句子下面画线，页边空白处的笔记要简短扼要，这样，可以加深你的记忆，让你背诵和复习的时候更得心应手。

3. 反应迅速

你必须明白，如果你不用一种快捷和容易辨别的记号做笔

记，那么就很难跟上老师的讲课节奏，如果你因此而错过老师讲解的重要内容就得不偿失了。

4. 积极思考

虽然在课本或笔记上做记号能够有效帮助你学习和复习，但你也应该积极开动脑筋，注重思考。否则，收获不大。

5. 分门别类

做符号笔记的过程中，针对有些事实和概念应该区别对待，把它们分门别类，这样，经过整理过的笔记要比随便编排的事实和概念清晰，也容易记忆。

6. 注意系统性

如果使用的符号过多，可以考虑把画在字句下的单线或双线，重点项目旁的框框、圈圈、星号等做个注释，避免混淆。

7. 前后联系法

在做符号笔记的过程中，也许你会发现第18页的说法与第9页的说法有直接的联系，你就可以画一个方向朝上的箭头，旁边写上“P9”。同样，在第9页，同一观点旁边画一个方向朝下的箭头，写上“P18”。在复习时，你就很容易把两者联系起来了。

培养观察力的5种方法

观察力对每一个人都很重要，我们的观察力可以在实践中进行锻炼。为了有效地进行观察，更好地锻炼观察力，首先请看一幅有关培养观察力的思维导图：

从思维导图中，我们可以看出培养观察力有5种主要方法：

1. 明确观察目的

每次观察活动，要定好明确的目的和指向，预先规定好观察任务，以保证观察得全面、细致、清晰、深刻。

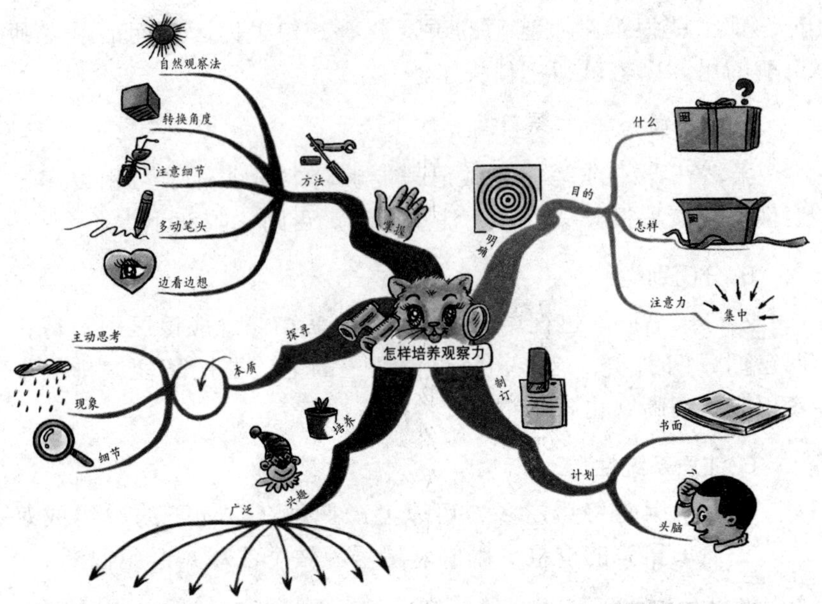

对一个事物进行观察时，要明确观察什么，怎样观察，达到什么目的，做到有的放矢，这样才能把观察的注意力集中到事物的主要方面，以抓住其本质特征。目的性是观察力的最显著的特点，有目的才会对自己的观察提出方向。

2. 制订观察计划

观察前，抽出一定时间，对要观察的内容做出安排，制订周密的计划。这样才会有收获。这些观察计划，既可以写成书面的，也可以储存在头脑里。

3. 培养浓厚的观察兴趣

培养浓厚的观察兴趣是培养观察能力的重要前提条件。为了锻炼观察能力，必须培养个人广泛的兴趣，这样才能促使自己津津有味地进行多样观察。

4. 不让观察停于表面，要探寻本质

观察力是思维的触角，要培养我们的观察力，就要善于把观察的任务具体化，善于引导主动思考，学会从现象乃至隐蔽的细节中探索事物的本质。

5. 掌握良好的观察方法

很多人缺乏生活经验和独立、系统的观察能力，在观察事物时，往往抓不住事物的本质，或者看得粗心、笼统，甚至观察的顺序杂乱无章。

为此，有几种观察方法介绍如下：

（1）自然观察法。就是对大自然中所存在的东西进行观察。如在田野或植物园里观察植物的生长情况；在森林和动物园里观察动物的活动情况等。自然观察应注意选好观察点和观察对象，做好记录，并应进行多次原地或异地观察。

（2）只从一个角度、方面去看事物，无异于盲人摸象。应多尝试从另一个角度、另一个观念去看同一问题，打破了定式的思维，使我们能发现更多的问题，也就产生了更强的观察兴趣和能力。

（3）注意细节，观察别人没发现的问题，久而久之，也就形成了勤观察、认真观察、会观察的良好习惯。

（4）多动笔头，随时记录观察情况，有利于整理和保存观察结果，以便利用。

（5）在观察时，要边看边想，学会分清主次、本质与现象，观察力也就从中得到提高。

第四章

高效快速地阅读

为自己的阅读“把把脉”

阅读就是从书面材料中获取信息的过程。自始至终，阅读都应该是一个主动的过程，是由阅读者根据不同的目的加以调节控制的。每个人在阅读方面都有不完美的地方，在高效学习和工作的今天，只有读得快、读得多，才能适应时代学习的要求，从而完善自己的知识结构。

总有一些人对自己的阅读效果不满意，他们总认为是自己的阅读存在一些问题，但又不知道到底问题出在哪儿。

在阅读本节以下内容之前，你可以就阅读中存在的所有问题以思维导图的形式列出来，并严格要求自己，你找出的问题越多，那么，以后改进的就会越全面。

如果给阅读下个定义的话，它是指从书面材料中获取信息的过程。这个书面材料主要是指文字，也包括符号、公式、图表等。

一般说来，在你学会快速阅读之前，你需要克服 3 种我们从小学以来的不良阅读习惯。如果没人告诉我们，我们的阅读有什么不妥的话，我们会在每次阅读过程中不自觉地沿用这些阅读习惯。

正是这些阅读习惯的负面影响，导致我们的阅读事倍功半，没什么效果，同时，让人感觉到压抑和沉重。

3 种不良的阅读习惯分别为：默念、逐字阅读、回头阅读。

这 3 种阅读习惯或多或少地存在于每个人的身上，有些人虽然没听说这三种习惯，但却一直在使用它们，也没有意识到自己有这种习惯。一旦你了解了它们，你就会意识到你的阅读一直在受它的抑制。

第一个不良的习惯是默念

也许这是老师的错，因为他曾经在课堂上要求你默念课文，通常老师读一遍，你会在下面不出声地跟着默念一遍；这也许是你自己的错，因为你一直习惯了默念。

但不知你发现没有，这种不出声地复述词句会使你的阅读速度变得很慢，其中一个原因是，我们的大脑思考和阅读词句的速度远远快于我们说话的速度。而默念比说话更慢。

就以阅读英语单词为例，如果你平时默念单词的最快速度是每分钟 150 个单词，那么，出声阅读的最快速度大约为每分钟 200 ~ 300 个单词，可见差别有多么大。

第二个不良的习惯是逐字阅读

逐字阅读也是不少人存在的一个阅读习惯。逐字阅读，不仅会减慢阅读速度，还会妨碍对文章内容的理解。此外，逐字阅读还会在许多时候把意思完整的句子割裂成字、词，注意力被单个字、词所分散。容易让人在阅读中妨碍和减慢了对全句或全段的理解及记忆，无法把握文章更完整的意思。

第三个不良的习惯是走回头路

这个习惯恐怕也比较普遍。

可以说，回头阅读是快速阅读最大的障碍。走回头路，是指我们一边阅读一边返回检查前面阅读过的部分，检验我们对某个字词或句子的理解是否正确。回头阅读是一种无意识行为，主要原因是阅读者的精力不集中、粗心马虎，或是怀疑自己的记忆与理解力有问题，总认为看得快就会看不清、记不住，所以不断地返回重读，而不是专注向前迎接新的内容。

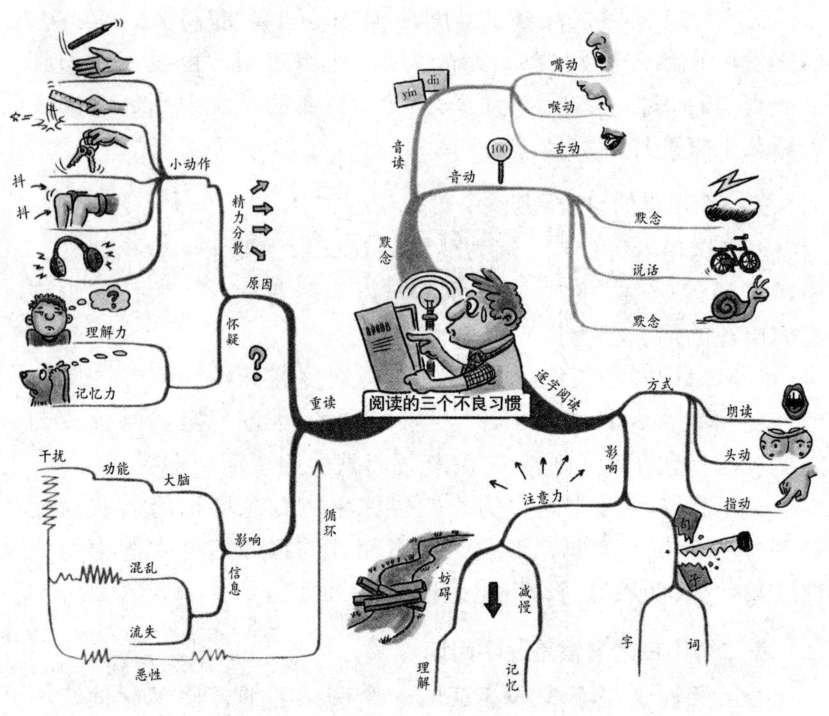

走回头路的阅读方式，不仅不能改善我们的理解，而且事实上它还可能影响我们的理解。因为每遇到一个词语就停下来反复琢磨，就会影响我们大脑功能的发挥，使它不能从整体上把握阅读材料的含义。结果，新的内容得不到充分理解，只好又回头重读。返回重读又造成信息的混乱、流失，影响记忆，因此，形成了恶性循环，读得越多，越需要返读。所以，读者在练习中，一是强化注意力，二是增加自信心，从心理和视觉两方面进行练习与调整。

将阅读速度提高一倍

阅读可以变得更便捷，更高效。

如果你感觉自己的阅读速度慢，现在有一种能使你的阅读能力提高一倍、两倍甚至数倍的方法，你会有什么反应呢？

生活中，不少人都有着庞大的阅读计划，但他们常常被自己的阅读计划吓倒。他们认为阅读是件苦差事。殊不知，正因为他们带着这种念头去阅读，所以才会觉得读书很困难。他们可能因此放弃阅读，任凭阅读材料逐渐累积下来。很快，他们被远远抛在后面，看着那些堆积的材料和书籍，他们越发体会到读书的可怕，越发觉得是件苦差事。

其实，你之所以会感觉阅读是一件苦差事，主要是因为不知道如何更快捷地阅读，我们阅读的目的不在于读得更快，而在于读得更加简单、有效。

你不必为了提高阅读技巧而学习技巧。生活中，你可以通过加快自己阅读信件、书籍、报刊文章及其他信息的速度来提高自己。

有一个调查告诉我们，在我们读过的内容中有90%多属于无关紧要的部分。其中大部分文字啰唆或与我们感兴趣的主题没有关系。事实上，只有10%甚至更少的内容包含了我们用得着的信息。

这一点给我们的提醒是，如果你能跳过这90%不必要的内容，直接阅读能用得着的那10%的内容，想想看，你可以节省多少时间和精力？如果用同样的时间，你可以多读成倍的内容。

为了提高我们的阅读速度，我们一定要避免陷于细节之中。

有时候，作者在文章中为了表达某种观点，常常添加一些细节的东西，其实，这些细节不是你关注的重点，细节的作用仅仅是作者对观点的阐释。实际上，你阅读的目的是为了找出自己需要的要点出来。

另外，要能分辨出哪些是你不必阅读的部分，如果与主题无关，你可以跳过去不需要对它进行阅读。比如，一篇文章里有很多材料，有时大多数材料都与你感兴趣的主题没什么联系。

只有一部分直接与你关心的方面有关。不管那些无关的材料占了多大的比例，你都应该跳过它们。然后，把注意力用在发现和阅读有关部分上。这样，自然就节省下了很多属于你自己的时间，也提高了阅读效率。

还有一点就是，只阅读作者为你指出的关键部分。因为很多作者都在各自的书籍、杂志、说明书、报告等各种阅读材料中为你指明了哪些要点比较重要，从哪部分开始转入另一个话题。

我们还可以注意到的是，几乎所有出版物都用一些加大号的黑体字做大小标题，以提醒读者接下来讨论的可能是一个新主题。通常，这些标题对随后的要点进行了高度概括。你肯定已在报纸、书籍、报告等各种书面文字材料上见过这样的标题。所以，直接阅读这些关键部分的主题，会对你的阅读起到很大的作用。

总之，提高阅读速度是有方法和技巧可寻的，关键在于你持续不断地努力和改进。

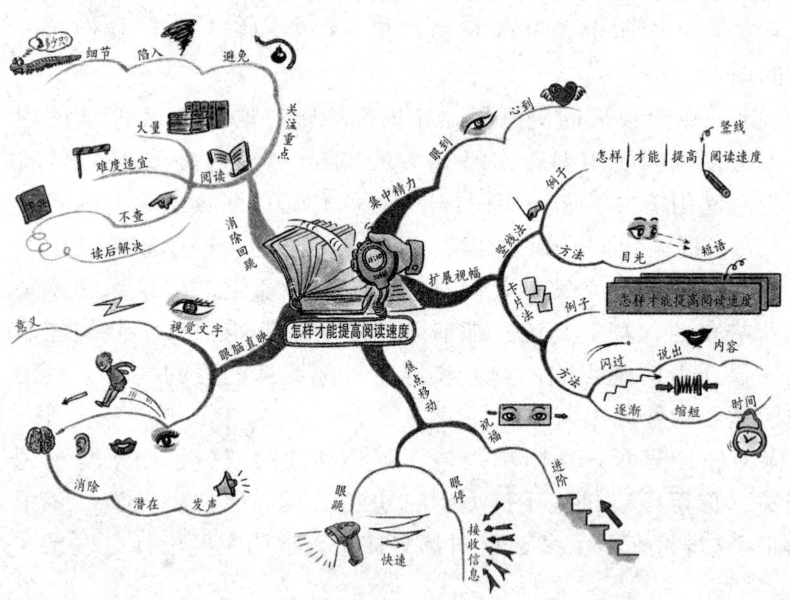

用“阅读图”来节约更多时间

现在，我们已经进入了一个“知识爆炸”和快速阅读的时代，我们每天都需要阅读大量的材料和信息，同时，还要从这些信息中筛选出有用信息，这时候，很多人感觉最缺少的就是时间。

生活中，人们一方面感觉自己的时间不够用，另一方面又感觉是在浪费阅读时间，其实，原因是他们不知道一个简单的秘密，即绝大多数非虚构类的杂志、文章、报告和书籍是按一种普遍的结构或模式编写而成的。

比如，就拿我们常见的地图来说，如果你能根据一张“阅读图解”来阅读，它就能使你更快到达目的地，你也会知道该在何处停留，哪里有捷径，更为重要的是，“阅读图解”能帮你更快地找到你所需要的信息。

随着“读图时代”的到来，各种各样的图铺天盖地呈现在人们眼前，读图已经成为风尚，读图更成了节约时间的另一种选择。

在生活中，“阅读图”是一个简单有效的形式。

在我们周围，凡是所能接触到的图像，都有一个共同的优点：生动形象，信息量大，给读者带来了便捷。

从具体的阅读体验上来说，对文字的阅读需要人们动用比较多的脑力资源（对文字符号进行意义解读，以及进行逻辑思维）和体力储备（必须将视力一次对焦在一个又一个的字母或者汉字上）。

而“读图”则较多地使用人类形象思维，书籍和杂志编辑们正在试图把图片变得越来越大，人们对图片的解读似乎根本不费什么力气。

其实，阅读图和思维导图具有异曲同工之妙。

使用“阅读图”时，根据一般的步骤，先快速浏览一遍内容，确定你关注的主题，就像确定思维导图的中央图像一样。

接着阅读各级标题，这些标题可以看作思维导图的主要分支。

根据这些，试着了解重要观点和论据。

然后找到自己最感兴趣的信息，进行重点分析。同时，忽略那些无关紧要的部分。

当发现某些标题下面内容没有价值时，立即返回，阅读其他部分。据此，进一步绘制思维导图。

于是，在这种阅读中，便节约了大量的时间。而这些时间，对你来说，将有另外的更大的用处。

神奇的全脑阅读法

“全脑阅读法”是指在利用左脑的同时注意开发右脑的一种阅读方法。

“全脑阅读法”的观点是：在阅读中，共同开发左脑和右脑使之协调一致，彼此配合，以达到开发大脑潜能、提高阅读效率的目的。

“全脑阅读法”主要由3个部分组成：

1. 全脑快速阅读

此法是人们从文字中迅速有效地提取所需信息的阅读法。人们习惯于从左向右的阅读顺序，传统的音读是从左脑输入信息的，阅读速度慢。全脑快速阅读是视读法，把文字当作图，从右脑输入信息，全脑处理。由于全脑直接反映而省去了发音和听觉器官的活动，所以大大提高了阅读速度。

2. 全脑图示阅读

此法特色是以“图”析“文”。它讲究形象性、整体性、凝练性和美学性。它也是从右脑输入信息，全脑处理。图示是展示文章的“屏幕”，学习文章的“导游图”，是阅读教学的微型形象课文。

3. 全脑反刍阅读

在这里，一是抓语感训练。通过诵读领悟法、触发意会法、语境揣摩法、比较推敲法、练笔感受法等，从整体上培养对语言的敏感。二是抓形感训练。通过说文解字法、角色扮演法、想象作文法等，培养对形象的敏感。三是抓语理训练。语理是指语文理法，即语法、修辞、文章、逻辑等法则。捷克教育家夸美纽斯说过："规则可以帮助，并且强化从实践得来的知识。"

上述三种训练方法，语感训练和形感训练偏重于右脑，语理训练偏重于左脑。左右脑协调，就能提高阅读效率。

在全脑训练过程中，我们还必须重视精读法。

精读就是读文章的时候逐字逐句、逐段逐节、深入细致阅读，弄懂弄通和把握基本概念、理论、观点以及全部内容，并进行研究与探索，这样的阅读就是精读。

精读法有点像蚕吃桑叶，细嚼慢咽，便于消化吸收。那些自我进修、自学成才的人士，也多采用这种方式读书学习。

进行精读法训练时，我们应该做到"五到"：

第一，心到。集中精力，全神贯注阅读。

第二，口到。在朗读与背诵时，声音要清楚、响亮。

第三，眼到。眼睛及时聚焦，阅读仔细、认真。

第四，手到。在边读书的时候，边做笔记或者摘要。

第五，脑到。在阅读的时候，勤奋用脑，不断思考。

专业人士由于工作与职业的需要，也要阅读图书资料，他们大多是精读，阅读的目的在于学以致用，是为了分析问题、解决问题而进行的阅读。

对于某些自己喜欢的知识材料以及为了某些特定的目的，也可以展开精读。对那些无关紧要的或者与自己联系不大的资料，就不一定要精读了，以免浪费自己的时间、精力。

全脑阅读过程中，为了赢得时间，加强效率和效果，增强驾驭知识的能力，更有效地采用相关知识解决实际问题，就要把握详略。

要是在读书时面面俱到，什么也不舍得放弃，没有选择与侧重点，不掌握轻、重、缓、急，平均使用力量，就会造成精力与时间大量浪费。因此要采用略读的方法，学会、学透知识，并且加以实际运用。

不是什么内容都要略读。切记：略读并不是省略去掉不读，是省略书中某些无关紧要的地方，选出重要或必要的内容进行阅读，千万不要误会成略读是把重要的内容省略不读，略读在下述情况下展开：某些阅读材料不需要精读；没有足够的精力与时间精读；阅读内容中某些部分同读者阅读关系不大等。

“一目十行”古来就有。《三国演义》中记述了张松速读曹操的《孟德新书》“一目十行”。他当着曹操的面，复述曹操这本兵书的内容，讥讽曹操这本兵书在四川人人都会，连儿童都知道，让曹操上了一个大当，当即烧毁了他自己苦心编出的这部兵书。由此可见，这种速读技术的作用是如此之大。

扫描速读为全新的高效的阅读方式。当人们拥有这种技术之后，可以大幅提高阅读速度，比原来的阅读速度快 8 倍以上。用这种速读进行泛读、略读或精读，也比常人速度快。

扫描速读法不是指走马观花、粗枝大叶、草草了事，速读既要求快，又要求质量。对阅读材料进行快速阅读，即采用超常的阅读速度和特殊技术进行阅读，就是扫描速读。这种速读技术通常要经过专门训练与练习，才能够加以掌握与运用。

进行扫描速读应该把握以下原则：

（1）快速反应原则。这要求我们在扫描速读之前要高度集中留意力，快速反应，使眼睛与大脑灵敏自如、互相配合、协调一致。

（2）视读材料原则。可以采用不出声的泛读方式进行速读，即采用默读的方式，容易使留意力集中在关键的内容上面，对无关紧要的内容可以一扫而过。

（3）逐步提升原则。值得注意的是，这个要在把握速读思想之后，先慢后快，由慢到快，层层递进，不断升级，最后养成快速泛读的习惯。

（4）掌握文法的原则。应该对连接词、副词等尽量熟悉，以便于在速读的时间跳过去，腾出时间来抓关键的地方。

（5）注意积累原则。这要求我们在平时要做足功夫，速读起来就比较有利。

（6）广泛运用的原则。即要求我们把速度在现实生活中广泛加以运用。

最后，为了达到扫描速读的目的，还可以这么着手准备：

（1）浏览那些除正文之外的所有信息。这同精读、略读大致类似。

（2）关注封面。对阅读图书的书名、作者、出版社等进行浏览，做到心中有数，看该书反映了什么主题，对个人的意义如何。

（3）关注提要。这个能帮助你判断需不需要读这本书，有没有阅读的价值。

（4）进行列表。这样做的好处是可以反映全书的整体架构，让人一目了然。

（5）看序、跋。序、跋反映了该书作者的有关消息，如作者的书面表达意图、写作背景、作品主旨等。

（6）阅读正文。正文是扫描速读的核心部分。

总之，不管我们选择什么样的阅读方式，都应该建立在自己丰富的知识体系上，在这个基础上，进行全脑阅读法的训练，让阅读更快捷、更有效、更实用。

看书还需因“材”而读

学习是一个阅读的过程。

在我们所遇到的诸多材料中，我们应根据不同的阅读资料、不同的阅读目的来变换我们的阅读速度。唯有如此，我们才能成为一位高效阅读的学习者。

在阅读之时，我们往往会以同一种方法去阅读各种不同的阅读资料，这种阅读习惯是十分错误的。我们要做阅读的主人，而不是阅读的奴隶。在阅读中我们不要以一种唯一的速度，而要灵活地变换读速，并发展和培养对阅读速度的控制能力。同时，这也是快速阅读的要诀。

阅读速度是多种多样的。为了解情节而读小说，可以读得很快。但是，读教科书或必须记忆的参考书，就不能太快。好的读者，会根据阅读的目的、所阅材料的性质和难易程度，以及自己的阅读能力和所掌握的背景知识，不断地自由调节阅读速度。

根据材料不同，阅读速度大致有以下 3 种：

1. 精读速度

这是最慢的阅读速度，用于难读的材料，要求获得高度理解的内容或希望牢固记忆的材料。在精读时，应力求仔细钻研材料，解决疑点、难点，记住要点。这时，阅读速度每分钟大约在 250 字以下，理解率在 90%以上。但是，即使是这种精读，也应先将材料快速阅读一遍，然后回头再来看第一遍遗漏的细节，或在重点部分画线圈点，或摘录提要，或针对思考题回答。速读与精读相结合的“精读法”，一般要比单纯的精读法效果更好，理解和记忆得更深刻。

2. 普通阅读速度

这是最常用的一种阅读速度，用于日常对文件、小说、报纸、杂志或浅易课本等的阅读。这种阅读速度每分钟大约在 250 ~ 500 字之间，理解率在 80%左右。

3. 速读速度

这是最快的阅读速度，用于时间紧迫、必须快速阅读时，或无须高度理解的材料。如从大量报告、刊物和众多的补充读物中迅速获取大意或信息。这是一种有用的技巧，学会这种技巧，将终身受益无穷。这种阅读速度每分钟大约在500字以上。

阅读时究竟采取哪种速度，要由阅读目的来决定。阅读目的是因人而异，因情况而异的。同一本书，对某人来说是为学习和研究而读，但对另一个人来说则是为了欣赏。但是，不管怎样，我们都应该做到目标明确，以便确定不同的阅读速度和理解程度。

阅读能力不强的人，往往不管读什么东西、为什么目的，读速总是一成不变，或者总以同样的理解程度来阅读所有的材料。虽然这些人中的不少人，也能把读过的东西完全理解并记住，但是对于想要成为一个快速高效阅读的人来说，你必须随阅读目的和读物内容的不同，灵活地调整阅读速度，选用不同的速读方法和技巧，做到在阅读中要快则快，要慢则慢，当精则精，当粗则粗，迅速掌握所读材料的内容。

其实，我们的阅读就如同欣赏美妙的音乐一样，一旦听到美妙的乐曲时，往往会如痴如醉，有时忍不住跟着哼唱起来。音乐的魅力在哪里呢？答案就在于音乐充满了节奏感。我们的阅读同样也需要节奏感。当我们带着节奏感去阅读不同的材料时，我们的阅读就变成了一种享受。

训练一双快速扫描的魔眼

阅读速度与学习成绩之间有着直接的关系，能够快速阅读的人，往往能取得优异的成绩。

快速阅读简称速读，是指人脑从眼睛看到的文字当中迅速吸取有用信息的一种读书方法。通俗点讲，速读就是高速度、高效率的阅读。

当今社会是信息社会，当今时代是知识爆炸的时代。每个人都有“读不完的材料，看不完的书报”。为了能适应时代的需要，更有必要掌握快速阅读的方法。实际上，阅读速度与学习成绩之间有着直接的关系，在阅读速度快的同学中，学习成绩良好和优秀的占53%；在阅读速度慢的同学中，成绩良好和优秀的还不到4%。美国已经确定了全国统一的阅读速度标准，据规定，低年级学生的读书速度每分钟为80～158个单词，中年级学生为175～204个单词，高年级学生为214～250个单词，大学生为250～280个单词，高级专家为340～620个单词。

怎样才能养成速读的习惯呢？最重要的是掌握速读的方法：

1. 计时阅读法

计时阅读法是速读训练的基本方法。通过计时训练，使思想高度集中，让阅读成为一种快速、高效地摄取、筛选与储存知识信息的过程。训练前选好一段或一篇文章，记下开始阅读的时间，阅读完后，再记下自己所用的时间，然后把阅读材料合上，凭第一遍阅读的理解与记忆，回想所读文章内容或回答有关问题。

2. 总体阅读法

总体阅读是把全文完整地、连贯地作快速阅读。它是各种快速阅读方法的基础。人的大脑有一种特性，在接收信息时具有明显的选择性，在处理信息时能够遵守严格的程序。因此，在阅读训练中如能使自己逐渐形成一个固定的思维程序，对提高阅读速度将起到很大的作用。

根据这一“定式”理论，可给自己规定一个阅读的固定程序。每当读一篇课文依次解决四个问题：题目、文章的大意、文章最能打动自己的部分、从文中感受到什么。这四个问题只要在头脑中形成习惯，一看课文就自然循着这些问题去理解，久而久之形成阅读的固定思维程序，阅读速度自然就会快起来。

3. 意群注视法

传统的阅读法，是一个字一个字地看，眼睛要做多次不必要的跳动和停顿。所谓意群注视法，就是在阅读时不是一个字一个字、一个词一个词地读，而是把句中相关的词联成一个较大的单位，一组一组地读，而且一边读，一边理解。

我们要改变逐字阅读的习惯，注意视线的垂直移动，不左右扩大眼睛的视幅，多抓一些文字信息，争取一瞥之下能同时理解注视停顿点周围的一个字群或意群，以增加单位时间内阅读的字数，减少眼停的次数。

图书在版编目（CIP）数据

思维导图 / 白虹编. — 北京 : 中国华侨出版社, 2018.5

（大脑使用书 / 侯海博主编）

ISBN 978-7-5113-7651-0

Ⅰ. ①思… Ⅱ. ①白… Ⅲ. ①思维方法 Ⅳ. ①B804

中国版本图书馆CIP数据核字(2018)第062649号

思维导图

编　　者：白　虹
出 版 人：刘凤珍
责任编辑：紫　夜
封面设计：冬　凡
文字编辑：聂尊阳
美术编辑：郭　静
经　　销：新华书店
开　　本：880mm × 1230mm　1/32　印张：7　字数：188 千字
印　　刷：北京万友印刷有限公司
版　　次：2018 年 5 月第 1 版　2019 年 10 月第 16 次印刷
书　　号：ISBN 978-7-5113-7651-0
定　　价：128.00 元（全六册）

中国华侨出版社　北京市朝阳区静安里 26 号通成达大厦 3 层　邮编：100028
法律顾问：陈鹰律师事务所
发 行 部：（010）88893001　　传　　真：（010）62707370
网　　址：www.oveaschin.com　　E-mail：oveaschin@sina.com